AF153320

Marion Rohrbach-Stadler

SELBSTLIEBE
macht glücklich

novum pro

Dieses Buch ist auch als
e-book
erhältlich.

w w w . n o v u m v e r l a g . c o m

© 2015 novum Verlag

ISBN 978-3-99048-118-9
Lektorat: Pia Euteneuer
Umschlagfoto: Juan Carlos Garcia
Portillo | Dreamstime.com
Umschlaggestaltung, Layout & Satz:
novum Verlag
Innenabbildungen:
S. 9 Gloria Rosazza | Dreamstime.com
S. 57 Veronans | Dreamstime.com
S. 153 Juan Carlos Garcia
Portillo | Dreamstime.com

Gedruckt in der Europäischen Union
auf umweltfreundlichem, chlor- und
säurefrei gebleichtem Papier.

www.novumverlag.com

Inhaltsverzeichnis

Vorwort

Ich erlaube mir, liebe Leserin und lieber Leser, dich mit „du" anzusprechen. Mit dieser persönlichen Ansprache möchte ich dich einladen, aktiv an deinem Bewusstwerdungsprozess teilzunehmen.

Der autobiografische Teil verdeutlicht meinen eigenen Werdegang, der in mir den Wunsch weckte, andere Menschen an Erfahrungen teilhaben zu lassen, welche für mich und für mein Leben bereichernd waren. Sinn gebende Lebenserfahrungen mit meinen Lesern zu teilen bedeutet für mich, mit Liebe zu schreiben und diese Liebe weiterzugeben.

Mein Ziel ist, dass dich die Lektüre dieses Buches auf eine Reise zu dir selbst begleitet, dass es dein Herz zu berühren, zu öffnen und dich innerlich zu bereichern vermag, indem es dich ermutigt, an dich zu glauben und dich Sinn gebend zu entfalten. Die beiden essenziellen Themen sind dabei Selbstliebe und Selbstverwirklichung.

Du hast das Recht und die Möglichkeit, all das zu haben, zu tun und zu sein, was du willst! Wenn du fähig warst, dir ein Leben zu erschaffen, das nicht deinen Wünschen entspricht, bist du auch fähig, dir ein Leben aufzubauen, das für dich lebenswert, sinnvoll und bedeutungsreich ist! Jeder Mensch kann lernen, seine Ängste, seine hinderlichen Überzeugungen, seine inneren Blockaden und seine seelischen Verletzungen zu überwinden, um seine Träume, Wünsche und Lebensziele voller Energie und Lebensfreude umzusetzen. Die angewandte Lektüre dieses Buches soll dich darin begleiten und unterstützen.

Auf einer Buchmesse in Genf wurde mir vor einigen Jahren das Geschenk zuteil, eine Frage an den Bestsellerautor Paolo Coelho richten zu können. Ich fragte ihn, welches das bedeutsamste Gefühl sei, dass er empfinde, wenn er einen Roman schreibe. Er antwortete mir, dass dies das Erstaunen über die Erkenntnisse sei, die er dabei über sich selbst gewinnen könne.

Meine eigene Antwort lautet, dass das bedeutsamste Gefühl, welches ich beim Schreiben dieses Buches empfunden habe, tiefe Dankbarkeit über die Liebe und die Fülle ist, die wir Menschen durch unsere bewusste Schöpferkraft in allen Bereichen unseres Lebens erschaffen können.

Heute erlebe ich das beglückende Empfinden, meine persönliche Legende verwirklichen zu können, indem ich andere Menschen in ihrer Persönlichkeitsentwicklung und -entfaltung begleiten und unterstützen darf. Ich stehe als Lebensberaterin, Therapeutin, Kurs- und Seminarleiterin sowie als Buchautorin denjenigen Menschen zur Seite, die eine liebevolle Beziehung zu sich und anderen Menschen aufbauen und ihr Leben selbstbestimmt und erfüllt leben wollen.

Die Tatsache, dass du dieses Buch in den Händen hältst, bedeutet, dass du bereit bist, dich zu einem liebevollen und sinnreichen Leben zu entscheiden. Ich gratuliere dir dazu von ganzem Herzen und ich freue mich, dazu beitragen zu können! Ich glaube, das schönste Geschenk, das wir anderen Menschen schenken können, ist persönliche und spirituelle Bereicherung, indem wir ihnen ihre innewohnende Schönheit und ihren innewohnenden Reichtum enthüllen.

Nun wünsche ich dir viele bereichernde Erkenntnisse
auf deiner Entdeckungsreise zu dir selbst!

ERSTER TEIL

*Über die Vergangenheit
in die Gegenwart*

Das Gänseblümchenkind

In meiner Kindheit erschien mir das Haus meiner Großeltern, das ich mit ihnen, meiner Mutter und meinen beiden Tanten bewohnte, riesengroß. Es war drei Stockwerke hoch, hatte viele Schlafzimmer, zwei miteinander verbundene Salons und mehrere Kellerräume, welche von meinem Großvater für seine Mineraliensammlung benutzt wurden. Meine Mutter war tagsüber berufstätig und so wurde ich von meinen Großeltern aufgezogen. Besonders mein Großvater kümmerte sich gerne und liebevoll um mich, da er als Rentner Zeit und Muße dazu hatte.

Meine Großmutter war Schneiderin. Oft saß sie nähend am Fenster, während ich ihre Spitzen und Knöpfe als Spielsachen benutzen durfte. Sie hatte sogar das ganze Zimmer ausgeräumt, damit darin mehr Platz für mich zum Spielen geschaffen wurde. So verbrachten wir viele lange Tage damit, nebeneinander zu sitzen; sie war mit dem Nähen von Kleidern für die ganze Familie beschäftigt, und ich hörte gerne dem Laut des Fußpedales der alten Pfaff-Maschine zu, welches sie unermüdlich mit ihren Füßen betätigte. Wenn wir sonntags zum Gottesdienst in die Stadt gingen, trug meine Großmutter immer einen breitrandigen Hut, welcher zu ihrem selbst geschneiderten Mantel passte. Es war ihr wichtig, dass die ganze Familie gut angezogen und präsentabel war – schließlich war sie die Ehefrau des Rektors, welcher zusammen mit dem Pfarrer und Bürgermeister eine der wichtigsten Personen der Stadt war! Zudem war ihr als kleines Mädchen die große Ehre zuteil geworden, der königlich-kaiserlichen Hoheit Kaiser Franz Joseph persönlich einen Willkommens-Blumenstrauß zu überreichen, als sich dieser einmal in Vorarlberg aufhielt. Die Geschichten des Kaiserhofs von Schönbrunn in Wien kannte meine Großmutter durch Überlieferungen nur zu gut, und so war es kein

Wunder, dass ich als kleines Mädchen den Hofknicks als Ehrerbietung vor Gästen machte.

Deutlich in Erinnerung geblieben ist mir auch die Zubereitung ihres legendären Apfelstrudels mit heißer Vanillesoße, welche in mir eine sinnliche Vorfreude auf die noch warme und nach Äpfeln und Rosinen duftende Köstlichkeit auslöste. Was die „Madeleine" für Marcel Proust war, war der Apfelstrudel meiner Oma für mich! Ihr Stolz war, den Strudelteig so dünn auszurollen, dass man eine Zeitung hindurch lesen konnte, wenn man ihn, natürlich ohne zu zerreißen, vom Küchentisch aufhob. Gerne begleitete ich meine Großmutter zum Bäcker, der wundervolle Salzstangen mit grobem Salz verkaufte. Dabei hatte ich schon bemerkt, dass sie mir meistens eine davon schenkte, wenn ich die in einem schönen Flechtkorb dargebotenen Salzstangen sehnsüchtig ansah und dabei sagte: „Man kann nicht alles haben, was man will" … Meine vermeintliche Bescheidenheit rührte wohl ihr Herz, aber im Grunde wusste ich damals schon genau, wie ich bekam, was ich mir wünschte …

Auch im Spiel „Mensch-Ärgere-Dich-Nicht", das mein Großvater manchmal mit mir spielte, hatte ich meistens viel Glück. Ich brauchte nur zu denken: „Lieber Gott, bitte schicke mir einen Sechser" und vor allem ganz fest darauf zu vertrauen – und schon zeigte mein Würfel eine Sechs! Wenn das verblüffte Gesicht meiner Großeltern und anderer Familienmitglieder heute wieder vor mir lebendig wird, bringt mich die Erinnerung daran immer noch zum Schmunzeln …

Ebenfalls war ich mit sechs Jahren bereits stolze Besitzerin einer Lederhose mit Edelweiß! Die Geschichte war nämlich die folgende: Mein Wohlbefinden als kleines Mädchen hing gänzlich von meinem Schnuller ab, ohne den ich niemals einschlafen konnte. Ich versteckte ihn sogar in meinen Strumpfhosen unter meinem Kleid, damit er mir nie abhandenkam. Eine Woche vor meinem sechsten Geburtstag fragte mich mein Großvater, was ich mir denn wünsche. Nun war es damals so, dass neben unserem Grundstück ein zweites Haus gebaut wurde und sich dort wunderbar verheißungsvolle Lehmtürme anhäuften, auf welchen die Nachbarsbuben mit ihren Lederhosen rutschen durften – das war der größte all meiner erdenklichen Wünsche! Mein Großvater willigte in diesen Wunsch ein, obwohl eine kurze Lederhose, dazu noch eine mit einem Edelweiß, eine erhebliche Geldsumme darstellte. Allerdings knüpfte er eine Bedingung an dieses Geschenk. Er fand nämlich, dass ein so großes Mädchen, das Lederhosen tragen durfte, keinen Schnuller mehr brauchte! Also warf ich am Morgen dieses denkwürdigen Tages tapfer meinen geliebten Schnuller in den nahegelegenen Bach, welcher zwar Fischbach hieß, in welchem ich aber auch als kleines Kind nie Fische gesehen hatte. Dieser Moment kostete mich eine unmenschliche Überwindung, und nur der Gedanke an meine zukünftige Lederhose trug dazu bei, dass ich diese große Entscheidung traf. Wenige Stunden später rutschte ich überglücklich mit einigen Buben in hellbraunen Lederhosen über dunkelbraune Lehmhaufen und hatte darüber schon fast meinen Schnuller vergessen! Zur Schlafenszeit jedoch wurde mir der Preis, den ich dafür hatte zahlen müssen, schmerzlich bewusst. Schlaflose Nächte waren die Folge, und als ich mich nach einer Woche beklagte, dass meine Puppe Julia nächtelang durchweinte, da sie keinen Schnuller mehr hatte, wurde ich kurz darauf stolze Besitzerin einer Lederhose und eines neuen Schnullers!

Ja, das Einschlafen war als Kleinkind ein schwieriger Moment für mich. Es ist seltsam, dass ich mich noch heute an die furchtbare Angst des Verlassen Werdens erinnern kann, die ich bereits als Baby in meinem Kinderwagen empfunden hatte.

Auch hatte ich damals oft hohes Fieber, was sich die Kinderärztin nicht erklären konnte. Als Erwachsene lernte ich dann, dass Fieber ein Ausdruck verhaltener Wut sei. Weswegen konnte ich denn als Kleinkind schon wütend gewesen sein? Es dauerte noch viele Jahre, bis ich die Gründe dafür entdecken sollte …

Meine kleine Welt schien ansonsten ganz in Ordnung zu sein. Ich beschäftigte mich häufig damit, Straßen und Städte, Häuser und Wege aus den Utensilien des Nähkästchens meiner Großmutter zu bauen, welche oft tagelang am Boden liegen bleiben durften. Nur manchmal rasselte die alte Standuhr mit ihren Ketten so laut, dass ich erschrocken aus meinem Spiel herausgerissen wurde. Auch den Garten meiner Kindheit habe ich noch in genauster Erinnerung – vor allem die alte Teppichstange, an welcher meine geliebte Holzschaukel hing. Ihre großen, farbigen Holzperlen dienten meinen kleinen Kinderhänden als Haltegriffe, und ich fühlte mich in ihr sicher und geborgen, denn sie war rundherum mit Querlatten aus Holz verstärkt, sodass es mir selbst beim Himmelsschwung, wie ich ihn nannte, unmöglich war, herauszufallen. Wie viele Stunden hatte ich in ihr tagträumend alleine zugebracht, ohne dass mich irgendwer dabei gestört oder begleitet hätte. Nur manchmal kam mein Großvater vorbei, schenkte mir ein liebes Wort oder reichte mir einen Blecheimer, den ich stolz mit selbst gepflückten roten und schwarzen Johannisbeeren füllte. Auch half er mir, auf den Mirabellenbaum in der Mitte des Gartens zu klettern, was ich für eine große Mutprobe meinerseits und gütliches Wohlwollen seinerseits hielt, denn er wusste, wie sehr ich es liebte, die kleinen, runden, gelben, süßen Früchtchen direkt vom Baum zu naschen. Er hingegen widmete seine Zeit gerne dem Anbau einer Tomatensorte, die „Paradeiser" hieß Der Duft ihres intensiven Parfums entfaltete sich bereits, wenn ich an ihren Blättern roch, bevor ich die tiefrote Tomate genüsslich in meinen kleinen Kindermund schob. Dabei sahen mir oft grün-blaue Salamander zu, welche sich in der Steinmauer sonnten, und die immer schneller, als ich sie ergreifen konnte, ihr Versteck zwischen den kleinen Hohlräumen der Steinplatten aufsuchten.

Der Stolz meines Großvaters war, mir das Schreiben und Lesen beizubringen, als ich fünf Jahre alt war. Mein Onkel schenkte mir an Weihnachten wunderschöne Kinderbücher, wie es sie heutzutage fast nicht mehr gibt – das Gedicht des

Kinderfreundes Habakuk und seines Löwen Haferschluck aus dem Buch „Die Sternenmühle" wird mir mein ganzes Leben im Gedächtnis haften bleiben!

Meine Lieblingsbeschäftigung war allerdings, Gänseblümchenkränze für mich und meine Puppe Julia zu flechten. Ich war immer sehr stolz, wenn ich mit viel Sorgfalt ein kleines Loch in die Mitte des Stängels eines Gänseblümchens gemacht hatte, ohne dass der Stängel dabei kaputt ging, was gar nicht so einfach war. In diesen Hohlraum steckte ich nun den Stängel eines neuen Gänseblümchens, zog diesen durch und machte erneut ein kleines Loch in die Mitte dieses neuen Stängels, bis der Kranz fertig war. Ich beglückte damit natürlich mich selbst, aber auch Julia bekam stets ein Kränzchen, damit wir beide wie Schwestern aussahen – Geschwister hatte ich noch keine, obwohl ich mir so sehr eine Schwester gewünscht hätte. Ich spielte meistens alleine, da der Kindergarten ohne Auto zu weit von unserem Haus entfernt war. Nur manchmal kamen Nachbarskinder zu mir, welche leider viel zu kurz bei mir blieben. Ich erinnere mich noch an ein Mädchen mit dunkelschwarzen Haaren, um die ich sie glühend beneidete. Ich konnte gar nicht verstehen, warum meine Mutter so zornig gewesen war, als ich meinen Blondschopf mit dunklem Sand schwarz zu färben versuchte … Auch meine Großmutter war sichtlich entsetzt, als ich mit unserem Nachbarssohn Michael Frösche fing, welche wir Nachbarn in die Hand drückten, nachdem sie uns ahnungslos die Haustüre aufgemacht hatten. Aber was hätte ich nicht getan, um mit anderen Kindern zusammen sein zu können. Ich fühlte oft, dass meine Kindheit anders als diejenige anderer Kinder meines Alters war, ohne dass ich mir jedoch des Grundes bewusst war.

Eine besondere Freude war die Anwesenheit meines Onkels, welcher zu dieser Zeit in Innsbruck Geologie und Paläontologie studierte. Er bewohnte im Dachgeschoss zwei Zimmer, in denen er unter zerbrechlichen Glasvitrinen eine beachtliche Mineraliensammlung beherbergte, die derjenigen meines

Großvaters kaum nachstand. Natürlich durfte ich nur in seiner Anwesenheit diese Räume betreten, was meiner kindlichen Neugier gar nicht gefiel. So ließ sich mein Onkel kurzerhand die Geschichte eines Geistes einfallen, welcher während seiner Abwesenheit über seine Sammlung wachte, was mich natürlich sehr beeindruckte und mich davon abhielt, alleine sein Refugium zu betreten.

Auch meine beiden Tanten mochte ich, jede auf ihre Weise, sehr gerne. So war ich von vielen Erwachsenen umgeben, welche mich zwar liebevoll behandelten, mir aber nicht die gleichaltrigen Spielgefährten ersetzen konnten, die ich mir als Kind am sehnlichsten wünschte.

Was meine Mutter anbetraf, so war mir bewusst, dass sie berufstätig war und deshalb wenig für mich da sein konnte. Wahrscheinlich kann ich mich aus diesem Grund an unsere damalige gefühlsmäßige Beziehung fast nicht erinnern.

Als ich etwa 5 Jahre alt war, kam ein Mann immer öfters zu uns nach Hause, um sie zu besuchen. Ich erinnere mich daran, wie er mich auf seine Schultern setzte, wenn wir drei zusammen am Bodensee spazieren gingen. Dabei schliefen mir oft die Füße ein, was dazu führte, dass ich ihn weinend bat, mich abzusetzen. Meine Mutter schien ihm nahe zu stehen, und auch meine Großeltern schienen ihn zu mögen.

Ein knappes Jahr später heiratete meine Mutter diesen Mann, von welchem mir gesagt wurde, er sei nun mein Vater.

Von diesem Moment an veränderte sich mein Leben von Grund auf. Ich erinnere mich noch an die verwirrten Gefühle und an meine innere Einsamkeit und Traurigkeit, die mit diesem wichtigen Lebenswechsel einhergingen. Wir zogen von Österreich in die Schweiz, wo ich in eine Klasse kam, in der ich meine Schulkameraden durch ihren verschiedenartigen Dialekt kaum verstand. Ich vermisste meine gewohnte Umgebung und die Menschen, die mir bisher das Gefühl der Geborgenheit und der emotionalen Sicherheit gegeben hatten – allen vorweg meine Großeltern.

Ich war eben sieben Jahre alt geworden, als mein kleiner Bruder auf die Welt kam. Ich litt unter starker Eifersucht, da die Schwangerschaft meiner Mutter ihre ganze Aufmerksamkeit erfordert hatten, welche ich in der damaligen Situation so dringend benötigt hätte. Aus meinem vertrauten Umfeld herausgerissen, musste ich mich nebst allen einschneidenden Veränderungen auch an den Mann meiner Mutter gewöhnen. Ich kannte ihn ja kaum, und er konnte doch nicht von einem Tag auf den anderen mein Vater werden, ebenso wenig, wie ich von einem Tag auf den anderen seine Tochter werden konnte. Ich glaube, dass damals keiner von uns Zeit und Gelegenheit hatte, behutsam in die neue Situation hineinzuwachsen. So verbrachte ich erneut viel Zeit alleine; zumal mein kleiner Bruder die volle Aufmerksamkeit meiner Eltern forderte und mich aufgrund unseres Altersunterschiedes kaum interessierte, was sich erst viele Jahre später ändern sollte.

Ich war inzwischen ein Teenager geworden. Mittlerweile nannte ich meinen Vater Papi, obwohl ich im Alter von sieben Jahren von meiner Mutter erfahren hatte, dass er nicht mein leiblicher Vater war.

Die Zeit der Gänseblümchen war endgültig vorbei.

Der flügellose Schmetterling

Mit fünfzehn Jahren trat ich mit dem Ziel, eine Matura mit anschließendem Universitätsstudium zu absolvieren, in die höhere Kantonsschule ein. Nicht etwa, weil ich schon genaue berufliche Vorstellungen hatte, sondern eher, um die Aufmerksamkeit meiner Eltern auf mich zu lenken. Vor allem mein Papi sollte stolz auf mich sein, denn schulischer Erfolg wurde von ihm meistens mit Zuwendung belohnt, welche er mir in anderen Bereichen nicht in der Art und Weise schenken konnte, wie ich es mir erhoffte. Nicht etwa, dass er mich nicht wie seine eigene Tochter geliebt hätte! Aber die Art, mir seine väterliche Liebe zu zeigen, entsprach nicht derjenigen, die ich von ihm gebraucht hatte. Wie sehr wünschte ich mir damals, seine „Prinzessin" sein zu können und von ihm liebevoll in die Arme genommen zu werden, vor allem wenn ich traurig war. In dieser Zeit dachte ich oft mit großer Melancholie an meinen leiblichen Vater, von dem ich zu diesem Zeitpunkt fast gar nichts wusste.

So lernte ich schon damals, dass Liebe viele verschiedene Gesichter und Sprachen haben kann; und dass wir die uns entgegengebrachte Liebe oft nicht erkennen, wenn wir sie nicht in derjenigen Form erhalten, die wir uns so sehr wünschen und die wir brauchen, um unser Liebesbedürfnis zu stillen … Ich hatte mir immer gewünscht, dass meine Eltern mich liebevoll in die Arme schließen und mir mit körperlicher Berührung Wärme, das Gefühl von Geborgenheit und emotionaler Sicherheit geben würden, was für beide von ihnen sehr schwierig war. Meine Mutter hatte diese Form von Zuneigung von ihrer eigenen Mutter nie erhalten, und es war ihr deshalb zu diesem Zeitpunkt noch ungewohnt, sie auf diese Art weiterzugeben, obwohl sie sich das selbst immer von ihrer eigenen Mutter so sehr gewünscht hatte. Mein Vater hatte von seiner eigenen Mutter viel Nähe und Zärtlichkeit erfahren, dachte sich jedoch wahrscheinlich, dass sich körperliche Nähe zwischen Vater und seiner Adoptivtochter nicht zieme …

Es war also kein Wunder, dass ich mich mit knapp sechzehn Jahren Hals über Kopf in den attraktiven Nicolas verliebte, der mich als erster Mann in die Arme schloss und mich mit Zärtlichkeit, Liebe und Begehren überhäufte. Endlich nahm mich ein männliches Wesen als angehende junge Frau wahr, was mir half, durch sein Interesse etwas Selbstvertrauen zu gewinnen. Allerdings sollte ich ein paar Jahre später die Erfahrung machen, dass niemand anders als ich selbst Vertrauen in mir aufbauen konnte, und dass das, was ich für Selbstvertrauen hielt, wie ein Kartenhaus in sich zusammenfiel, als mich Nicolas vier Jahre später wegen einer anderen Frau verließ – welche er übrigens heiratete und den Entschluss dazu ein Leben lang bereute. Ob seine zweite Ehe glücklicher verlief, kann ich nicht mit Gewissheit sagen …

Sicherlich spielte die Tatsache mit, dass meine Familie der seinigen „nicht gut genug" war. Mein Vater stand als Ingenieur erst am Beginn seiner Karriere und meine Eltern entsprachen nicht den Ansprüchen der gehobenen Mittelklasse, welcher Nicolas' Eltern angehörten. Ich konnte mich auch des Eindrucks nie ganz erwehren, dass Nicolas Mutter eifersüchtig auf mich war. Vielleicht bildete ich mir das nur ein, aber Tatsache war, dass sie mich nie gemocht hatte. Sie unterließ keine Gelegenheit, mich zu demütigen. Ich erinnere mich noch an den Tag, an dem ich mit einem tollen zweiteiligen Kostüm, welches ich mir für einen speziellen Anlass mit meinem Taschengeld gekauft hatte, von ihr mit den Worten begrüßt wurde: „Nobel muss die Welt zu Grunde gehen." Als ich für Nicolas und mich zwei Pullover als Überraschungsgeschenk gestrickt hatte, meinte sie nur herablassend: „Ihr seht ja aus wie Pat und Patachon." Ich weiß noch, wie sehr ihre spitzigen Bemerkungen mich oft verletzt hatten, denn obwohl ich einen

Kopf kleiner als Nicolas war, war ich doch hübsch, gertenschlank, höflich und gut erzogen.

Ich erinnere mich auch heute noch genauestens an den Tag seines Abschieds. Nicht an den Wochentag, nicht an das Wetter und an keine andere noch so belanglose Belanglosigkeit. Aber ein Bild und ein Gefühl sind für immer in meinem Herzen mit Magma eingebrannt. Ein Bild von einem davonfahrenden Zug auf einem Bahnsteig in Genf, auf welchem eine achtzehn Jahre junge Frau das erste Mal vor Liebe stirbt. Natürlich folgten in meinem Leben weitere Todestage so wie im Leben jedes Menschen, aber dieser eine Moment hatte eine schwer zu heilende Wunde vom Ausmaß eines Vulkankraters hinterlassen. Im Herzen ein völlig abgestumpftes, im Sterben begriffenes Gefühl, wie es nur durch unerträglichen Schmerz entstehen kann – dann wenn die Liebesfähigkeit und die Leidensfähigkeit an ihre absoluten Grenzen angelangt sind. Und wenn keine noch so winzige, lebenserhaltende Kraft mehr vorhanden ist, die Befähigung zu lieben am Leben zu erhalten. Der Überlebenstrieb des Egos ist das Einzige, das sich noch verzweifelnd klammernd an einem hauchdünnen Faden festzuhalten versucht. „Es wird schon irgendwie weitergehen, ich bin stark genug und zudem passiert es hunderttausenden von Menschen täglich, von demjenigen Menschen verlassen zu werden, den sie lieben … Aber es gibt kein Entrinnen, kein Erwachen aus diesem unsäglichen Schmerz. Nur eine einzige Frage bleibt. Die Frage, ob ich es aushalten werde und wie lange mein vor Eis erstarrtes Herz weiterleben kann. Von diesem Moment an und bis ans Ende meines Lebens werde ich nur noch für den Versuch leben zu vergessen, dass mein Herz tot ist." Dies waren meine Gedanken und Gefühle, die mich jahrelang nicht zur Ruhe kommen ließen.

Als ich vor einigen Jahren von Nicolas erfuhr, dass beide Eltern schon vor vielen Jahren kurz nacheinander an einem Herzinfarkt gestorben waren, entschloss ich mich, ihnen trotzdem zu verzeihen. Ich hatte in der Zwischenzeit gelernt, dass nachtragend zu sein mir selbst am meisten schadete und dass blockierte Energie, die durch eine mangelnde Akzeptanz der Vergangenheit entsteht, den Fluss des Lebens behindert …

Was mein Verhältnis zu meinem Vater anbelangte, so wurde mir erst viele Jahre später bewusst, wie sehr er versucht hatte, mir ein guter und liebevoller Vater zu sein, obwohl wir wenig Zeit miteinander verbrachten. Ich begann zu verstehen, dass ich ihm vielleicht auch keine Chance dazu gegeben hatte, da ich ihm aus Enttäuschung über meine nicht erwiderten Erwartungen mein Herz verschloss. Unbewusst hatte ich ihm die Schuld dafür gegeben, dass er mich durch die Heirat mit meiner Mutter und wiederholten, beruflich bedingten Umzügen aus meiner vertrauten Umgebung herausgerissen und mich dadurch unglücklich gemacht hatte.

Erst viele Jahre später konnte ich ihm mit Worten mitteilen, wie schwierig es doch für ihn gewesen sein musste, im Alter von zwanzig Jahren eine sieben Jahre ältere Frau mit einem unehelichen Kind zu heiraten, was damals in den sechziger Jahren noch ziemlichen Mut erforderte. Ich sagte ihm, dass er meine Mutter und mich sehr geliebt haben musste, um seinen Willen durchzusetzen und sich nicht von der herrschenden Gesellschaftsmoral beeinflussen zu lassen.

Sichtlich berührt versuchte er, unbemerkt ein paar Tränen wegzuwischen. In diesem Moment spürte ich das erste Mal ein tiefes Gefühl liebevoller Zusammengehörigkeit, was uns beide sehr glücklich machte …

Auch später hatte er mir mehr mit Taten als mit Worten oder Umarmungen gezeigt, was ich ihm bedeutete. Unvergessen für mich bleibt, wie er mich in Zürich besorgt zum Zug begleitete, welcher mich nach Maturaabschluss zu einem sechsmonatigen Sprachaufenthalt nach Florenz brachte – und wie er und meine Mutter mich zwei Monate später dort besuchten, um sich meines Wohlergehens zu vergewissern.

Eines meiner schönsten Erlebnisse hatte ich, als meine Eltern zum Weihnachtsfest von der deutschsprachigen Schweiz in die Westschweiz fuhren, um die Feiertage mit uns, meinem damaligen Ehemann, unseren beiden Söhnen und mir, zu verbringen. Als es Zeit für die Bescherung war, drückte mir mein Vater sichtlich gerührt eine kleine, von meiner Mutter hübsch verpackte goldfarbene Schachtel in die Hand. Es war an seiner Ungeduld abzulesen, dass er eine ganz besondere Reaktion meinerseits erwartete … Als ich den Inhalt auspackte, kamen ein Autoschlüssel und ein Fahrzeugausweis zum Vorschein! Ich war erst völlig sprachlos, bis ich endlich begriffen hatte, dass mir mein Vater soeben ein Auto geschenkt hatte! Mein erstes eigenes Auto! Er wusste gar nicht mehr, wohin er seine Blicke lenken sollte, als ich ihm in meiner übergroßen Freude spontan um den Hals fiel und meine Tränen auf seine Brust tropften. Auch meine Mutter war sichtlich glücklich, dass ihre Überraschung so gut gelungen war und mir so viel Glück bereitete! Es war nicht alleine die Tatsache, ein Auto geschenkt bekommen zu haben, sondern vor allem die Anteilnahme meiner Eltern an meiner damaligen Lebenssituation, welche mich zutiefst berührt hatte! Umso dankbarer war ich natürlich für dieses unglaubliche Geschenk! Auch die Tatsache, dass es sich dabei um einen kleinen Gebrauchtwagen handelte, welcher zudem noch rot war, was nicht gerade meiner Lieblingsfarbe entsprach, tat meiner Begeisterung keinen Abbruch. Ich wusste, wie sehr mein Vater damals gespart hatte, um mir dieses Auto kaufen zu können, und ich habe seinen „Liebesbeweis" tief in meinem Herzen warm eingebettet.

Vermutlich wollte ich seine väterliche Aufmerksamkeit auf mich ziehen, als ich drei Jahre, nachdem mich Nicolas verlassen hatte, einen sechzehn Jahre älteren Mann kennenlernte, welcher später mein Ehemann wurde. Ich war gerade erst einundzwanzig und ich erhoffte mir einerseits von meinem zukünftigen Mann gefühlsmäßige Sicherheit, denn ich wollte nie mehr in meinem Leben von einem so gut aussehenden und begehrten Frauenschwarm wie Nicolas betrogen werden! Andererseits versuchte ich damals unbewusst in meinem Ehemann einen väterlichen Freund zu finden, was mit meiner fehlenden gefühlsmäßigen Vaterbeziehung in meiner Kindheit zu tun hatte, meinen Mann aber wahrscheinlich überforderte.

Da die Basis einer erfüllten Ehe, welche für mich in offenen Gesprächen über unsere Gefühle sowie auch in körperlicher und gefühlsmäßiger Nähe lag, jedoch nicht gegeben war, ging unsere Ehebeziehung nach über siebzehn Jahren zu Ende. Mir wurde bewusst, dass ich durch mein Verlangen nach Aufmerksamkeit und Intimität oft meine emotionalen Verletzungen der Kindheit zu überbrücken gesucht hatte. Erst viele Jahre danach konnte ich erkennen, dass mangelnde Zärtlichkeit und Sexualität ein Ausdruck unseres fehlenden Dialoges gewesen war. Weder mein damaliger Ehemann noch ich hatten gelernt, unsere Gefühle in Worte auszudrücken. Wenn ich dies versuchte, war ich dabei ungeschickt und manchmal verletzend, da ich meinen Mann für mein Empfinden und meine Frustration verantwortlich machte, was er berechtigterweise als Anklage und Vorwurf empfand, obwohl dies nicht meiner Absicht entsprach. Aber trotz meiner damaligen starken gefühlsmäßigen Abhängigkeit war ich es, die eine zeitweise Trennung und dann die Scheidung bewirkte. Zu Beginn kämpfte ich sehr oft mit Schuldgefühlen, da ich unseren beiden Söhnen ihren Vater nicht vorenthalten wollte (umso mehr, da ich selbst nicht mit meinem leiblichen Vater aufgewachsen war) und hoffte, dass er auch weiterhin seine Vaterrolle übernehmen würde. Er war zwar ein sehr verantwortungsbewusster Familienvater, aber die gefühlsmäßige Beziehung zu seinen Kindern war für ihn genauso schwer herzustellen wie damals für seinen eigenen Vater zu ihm. Bald wurde mir bewusst, dass auch er das Schema, welches er selbst als Junge zuhause erlebt hatte, in seiner Vaterrolle wiederholte.

Würden wir schon als Kinder in der Schule lernen, wie man seine Gefühle wohlwollend und seine Bedürfnisse verantwortungsbewusst in Worte ausdrückt, ohne sich selbst oder andere damit anzuklagen und zu verletzen, würden sicherlich weniger Ehen geschieden … Hätte ich damals gewusst, wie ich meine verletzten Gefühle und nicht erfüllten Erwartungen hätte aufbauend ausdrücken können, hätte ich auch unseren beiden Söhnen diese wertvolle Lebenshilfe mitgeben können … Aber alles kommt ja bekanntlich zu seiner Zeit, und ich habe mir im Nachhinein verziehen, dass ich zu diesem Zeitpunkt noch nicht reif und fähig dazu gewesen war.

Wenige Zeit später wurde mein Vater herzkrank. Ich vermute zwar, dass er dies schon seit einer ganzen Weile gewesen war, aber niemand die Anzeichen erkannt hatte. Er war „workaholic" und arbeitete oft sieben Tage in der Woche, um sein eigenes Ingenieurbüro aufzubauen. Seine Kompetenzen als Ingenieur waren unbestreitbar und ich erfuhr, dass er Steven Spielberg in den USA getroffen und für ihn die Seilbahn „Skyride" in einem Vergnügungspark in Tampa, Florida konzipiert hatte. Leider waren jedoch seine Fähigkeiten als Geschäftsmann nicht denjenigen des außergewöhnlichen Ingenieurs gleichzusetzen. Deshalb erstaunt es nur wenig, dass er finanziell ausgenützt und eine seiner wichtigsten technischen Erfindungen, welche ihn zum Millionär gemacht hätte, von skrupellosen Geschäftspartnern als die ihrige verkauft wurde.

Nach seinem ersten Herzinfarkt plante ich für ihn eine Herzoperation in einer internationalen Privatklinik von ausgezeichnetem Ruf, in welcher ich selbst arbeitete. Er lehnte jedoch ab. Heute glaube ich, dass er mich bewusst nicht in die Lage bringen wollte, mich für ein eventuelles Versagen der Operation und deren Konsequenzen verantwortlich zu fühlen. So entschloss er sich dazu, die folgenschwere Herzoperation in Zürich zu planen.

Tatsache ist, dass die Ärzte nicht imstande waren, die nach der Operation erfolgte Blutung zu stoppen und eine Beschädigung der vitalen Gehirnfunktionen zu verhindern. Auch glaube ich, dass mein Vater trotz seines Überlebenswillens im Unterbewusstsein die Entscheidung traf, von uns zu gehen. Nie hätte er einen Zustand verminderter geistiger Zurechnungsfähigkeit und die Tatsache, damit meiner Mutter als gehirngeschädigtes „Gemüse", wie er selbst es nannte, für den Rest ihres Lebens zur Last zu fallen, ertragen können.

Ich brauchte lange, bis ich mir selbst verzeihen konnte, nach der mehrstündigen Zugfahrt von Genf nicht sofort in die Klinik in Zürich zu ihm gefahren zu sein, wo er in einem künstlichen Koma lag. Selbst die Tatsache, dass ich an einer starken Grippe und Fieber litt, hätten mich nicht davon abhalten sollen. Sein Zustand sei stabil, sagten uns die Ärzte; und so beschlossen meine Mutter und ich, ihn früh am nächsten Morgen aufzusuchen. Um elf Uhr abends bekam meine Mutter jedoch einen Anruf des behandelnden Arztes, welcher ihr mitteilte, dass ihr Mann, mein Papi, an den Folgen innerer Blutungen gestorben sei.

Die folgenden Stunden sind fast vollständig aus meinem Gedächtnis gelöscht. In jener Nacht schlief ich frühmorgens kurz neben meiner Mutter ein, als ich in einen seltsamen Traum verfiel. Mein geliebter Großvater, welcher schon vor vielen Jahren gestorben war, erschien mir in diesem Traum. Allerdings wirkte er so lebendig, dass ich mir nicht sicher war, ob dies wirklich ein Traum oder Wirklichkeit war. Er stand lächelnd vor mir, seine liebevolle Güte zeichnete sein Gesicht, und er sah kräftig und gesund aus. Er stand einfach nur da und strahlte unglaublich viel Wärme, Liebe, Trost und Herzlichkeit aus. Er sagte zu mir, dass er mich nicht in seine Arme schließen könne, da die Zeit dafür noch nicht gekommen sei. Allerdings ermunterte er mich, alle Liebe, zu welcher ich fähig war, in meinem Herzen zu spüren – und was dann geschah, war etwas so Großartiges, so Unbeschreibliches, dass ich es kaum in Worte fassen kann. Plötzlich fühlte ich mich von einem Gefühl grenzenloser, allesumfassender und bedingungsloser Liebe völlig durchdrungen, sodass ich vor lauter Glück im Traum zu weinen begann. Ich hatte das Gefühl, endlich nach Hause gekommen zu sein, in ein Zuhause, in welchem Lichtwesen in bedingungsloser Liebe lebten und diese so liebevoll um sich verbreiteten, dass ich noch nie in meinem Leben zuvor – und wahrscheinlich nie in meinem späteren Leben danach – je wieder ein so trostvolles, heilendes und absolut beglückendes Gefühl des Einsseins erlebte!

Obwohl ich als Kind Nonne werden wollte, heute aber keine praktizierende Katholikin mehr bin, war ich doch schon immer ein spiritueller Mensch, welcher sich seit jungen Jahren für den tieferen Sinn des Lebens interessiert und unaufhaltsam nach ihm sucht. Dieses Erlebnis, welches für mich weit über einen Traum hinausging, würde ich ohne zu zögern als eine tief spirituelle Erfahrung bezeichnen, in welcher ich von meinem Großvater getröstet wurde und vom Jenseits Mut und Kraft für die Trauerarbeit bekommen hatte. Vor allem aber spürte mein ganzes Wesen, dass jenseits der menschlichen Vorstellungskraft und parallel zu unserer materiellen Welt andere Bewusstseinsebenen existieren. Ich spürte mit absoluter Gewissheit, dass sich die Seelen der Menschen, welche von uns gegangen waren, dort befanden, und dass das, was wir Tod in unserer sichtbaren Welt nennen, gleichzeitig eine Geburt, ein Ankommen in einer anderen, von der Materie losgelösten Bewusstseinsebene bedeutet. Das alles ergab für mich einen wegweisenden spirituellen Sinn, welcher später noch vertieft wurde, als ich mich für Wiedergeburt zu interessieren begann …

Am nächsten Tag fuhren meine Mutter und ich in das Spital, in welchem mein Vater aufgebahrt lag. Ich brachte es nicht fertig, seinen kalten, leblosen Körper zu berühren, trotzdem spürte ich seine energetische Anwesenheit. Mit einem Schlag hatte ich die absolute Gewissheit, dass sich seine unsterbliche Seele von seinem materiellen Körper getrennt hatte. Deshalb verspürte ich auch gar kein Verlangen, mit der leblosen Hülle seines physischen Körpers in Kontakt zu treten. Wohl aber sprach ich lautlos zu ihm, bat ihn, mir zu verzeihen, dass ich zu spät gekommen war, um von ihm Abschied nehmen zu können. Dabei fühlte ich, wie seine liebevolle Energie mich umhüllte. Ich empfand schmerzhafte Traurigkeit und doch wurde mein Herz durch die Liebe, welche wir füreinander empfanden, gewärmt und getröstet.

Wir fanden uns anschließend im Nebenraum mit der Krankenschwester, welche ihn vor seiner Operation gepflegt hatte, wieder. Sie übergab uns seine wenigen persönlichen Sachen, was für meine Mutter ein sehr schmerzhafter Moment war. Plötzlich spürte ich auf, oder besser gesagt in meinem Rücken, vor allem zwischen den Schulterblättern, ein zartes Streicheln, eine warme Berührung, einen unsichtbaren Halt. Die Wärme, die dabei entstand, war eindeutig in meinem Körper zu fühlen und entsprang keinesfalls meiner Einbildung. Es war unfassbar, in diesem Moment verabschiedete sich mein Vater liebevoll von mir! Ich spürte unsere energetische Verbindung in meinem ganzen Wesen so intensiv, dass sie über jeden Zweifel erhaben war. Er teilte mir dabei die Gedanken und das Gefühl mit, mein ganzes Leben lang für mich da zu sein, um mir den Rücken zu stärken und mir beizustehen, wenn ich seine Hilfe bräuchte.

Wieder wurde ich von einem so intensiven Gefühl der reinsten Liebe durchdrungen, dass ich unter Tränen zu lächeln begann. All das, was er mir zu seinen Lebzeiten nicht hatte geben – und was ich nicht von ihm hatte annehmen können –, spürte ich jetzt mit solcher Kraft und Intensität, dass ich zum ersten Mal in meinem Leben grenzenlose und alles umfassende Liebe spürte. Diese Liebe, die uns in diesem Moment verband, war sein wertvollstes Geschenk an mich, für welches ich meinem Papi ein Leben lang dankbar sein werde.

Petticoats und Dancing Halls

Erst nach seinem Tode sprach meine Mutter eines Tages ausführlich mit mir über meinen leiblichen Vater und erzählte mir ihre Geschichte.

Sie war eben erst zwanzig Jahre alt geworden, als sie zu einem einjährigen Sprachaufenthalt nach London abreiste – mit Petticoats und hoch toupierten Haaren, wie dies zu Ende der fünfziger Jahre Mode war. Erlebnishungrig, neugierig auf die weite Welt und lebensfreudig war sie – und so nützte sie auch jede Gelegenheit, mit ihrer Freundin Hildegard, die ebenfalls zur gleichen Zeit in London war, tanzen zu gehen. Damals waren die „Dancing Halls" als Vorläufer von Diskotheken bis Anfang der sechziger Jahre bei jungen Leuten als beliebte Treffpunkte ganz groß in Mode – hier wurden Bekanntschaften gemacht, Freundschaften geschlossen und die weibliche Anziehungskraft beim männlichen Geschlecht erprobt.

Wann immer es ihre Freizeit als Au-pair Mädchen bei einer netten jüdischen Familie und ihr Taschengeld erlaubte, schwang sie mit Vergnügen das Tanzbein. Eine dieser „Dancing Halls" mochte sie besonders gerne. Als sie eines Abends dort mit ihrer Freundin auftauchte, erspähte sie auf der Tanzfläche einen hochgewachsenen, attraktiven jungen Mann. „Du wirst schon sehen, mit diesem Mann werde ich gleich tanzen", sagte sie keck zu ihrer Begleiterin. Und tatsächlich trat der junge Mann nach kürzester Zeit selbstsicher an sie heran und bat sie um den nächsten Tanz, was ihr natürlich sehr schmeichelte. Es musste wohl Liebe auf den ersten Blick gewesen sein, denn von diesem Augenblick an verbrachten sie fast jede freie Minute zusammen. Meine Mutter war von ihm mehr als beeindruckt – er war ein echter Londoner Polizist, ein „Bobby", und er sah einfach umwerfend in seiner Uniform aus! Er stellte sie sehr bald seinen Eltern vor, welche sie allerdings immer als unscheinbare Personen in Erinnerung behielt. Seine Schwestern waren sehr nett zu ihr, und sie erinnerte sich auch an seinen Bruder, welcher in späteren Jahren verschollen und unauffindbar gewesen sein soll …

In Liebesdingen war sie zwar unerfahren und wohl auch etwas naiv, aber der junge Polizist hatte tatsächlich seriöse Absichten und machte meiner Mutter den Hof. Als sie nach Ablauf eines Jahres wieder nach Österreich zurückkehren musste, fiel es beiden sehr schwer, sich zu trennen. Kaum aber hatte sie ihren Eltern von ihrer Englandliebe erzählt, spürte sie, dass ihre Eltern davon gar nicht begeistert waren. Ein einfacher Polizist? Wie wohl alle Eltern der Welt wünschten sie sich eine gute Partie für ihre Tochter – ein Arzt, Anwalt oder Bankdirektor wäre annehmbar gewesen, aber doch nicht ein Londoner Straßenpolizist!

Und vermutlich hatten sie auch Angst, ihre Tochter im fernen Ausland zu verlieren. Aber diese Angst haben sie sich wohl selbst und meiner Mutter nie eingestanden, was viel zu gegenseitigem Verständnis beigetragen hätte …

Als dieser junge Polizist nach Österreich reiste, um bei meinen Großeltern um die Hand meiner Mutter anzuhalten, wurde er von meiner Großmutter nicht gerade sehr freundlich empfangen. Als Gattin des Schulrektors und gelernte Schneiderin beaugapfelte sie natürlich sofort seine Kleidung, die seine soziale Stellung verriet und leider nicht ihr Wohlwollen traf …

Meine Mutter war damals noch nicht volljährig und somit noch der elterlichen Autorität unterstellt. Einerseits war sie danach bestrebt, eine folgsame Tochter zu sein, aber andrerseits liebte sie diesen jungen englischen Bobby über alles. Da sie ihrem unkomplizierten Naturell entsprechend offene Konflikte scheute, suchte sie einen Ausweg aus dieser Zwickmühle, in welcher sie sich entweder für ihre große Liebe, aber gegen ihre Eltern hätte entscheiden müssen – eine wichtige Entscheidung, die zum damaligen Zeitpunkt über ihre Grenzen hinausging, und zu welcher sie sich vielleicht auch nicht genug selbstsicher fühlte.

Als sie mit mir erst nach dem Tode meines Papis einmal ausführlicher über dieses Thema sprach, ließ sie mich wissen, dass ich in einer heimlichen Liebesnacht während dieses kurzen Aufenthaltes mit viel Liebe im Hause meiner Großeltern gezeugt worden war …

Nach seiner Abreise taten meine Großeltern alles dazu, dass sich meine Mutter diesen jungen Mann aus dem Kopf schlug – und beeinflussten sie nachhaltig, indem sie ihr zu verstehen gaben, dass sie diesen Mann nicht guthießen. Wie schwer dies doch für meine Mutter gewesen sein musste! Trotz ihrer innigen Liebe, die sie ihn empfand, gab sie ihm wohl zu verstehen, dass sie sich nicht für ihn entscheiden könne. Die wahren Gründe, nämlich die Verweigerung ihrer Eltern, ihn als Schwiegersohn anzuerkennen, und ihre Angst, ihren Eltern zu missfallen, hatte sie ihm ja nie mitgeteilt …

Für meinen leiblichen Vater war dies wohl ein Beweis ihrer mangelnden Liebe zu ihm, sodass er sie in Folge davon eifersüchtig machte, indem er ihr erzählte, es gäbe auch in London hübsche Mädchen. Die Tatsache, dass er mit neuen Bekanntschaften prahlte, wirkte sicherlich wie gefühlsmäßiges Gift auf meine Mutter. Ihre Gefühle und ihr jugendlicher Stolz waren nun ebenfalls so tief verletzt, dass sie ihm mitteilte, dass auch er nicht der einzige Mann in ihrem Leben sei. Diese aus verletztem Herzen entstandene und schwerwiegende Lüge sollte unser aller Leben nachhaltig beeinflussen …

Den Fortgang der Geschichte kann man sich aufgrund der Verkettung der unglücklichen Umstände leicht ausdenken. Ihre gemeinsame Beziehung brach kurz daraufhin ab, jedoch bevor meine Mutter wusste, dass sie schwanger war. Als sie dies meinem leiblichen Vater mitteilte, wollte er davon nichts mehr wissen. Zu tief war die Verletzung, welche sie ihm zugefügt hatte, zu schmerzhaft ihre Zurückweisung, welche er als fehlende Liebe zu ihm deutete, als er um ihre Hand gebeten hatte. Sie hatte ja selbst gesagt, er sei nicht der einzige Mann in ihrem Leben, warum sollte er ihr also jetzt glauben, dieses Kind sei von ihm? Heute denke ich, dass er die Wahrheit über meine Identität in seinem Innersten zwar immer gefühlt haben musste, dass er sie sich selbst jedoch nicht eingestehen wollte und konnte. Wie viel Energie muss es ihn doch gekostet haben, sein ganzes Leben lang zu verdrängen, dass ich seine Tochter war. Damit hatte er sich allen vorweg selbst um seine Vaterrolle gebracht …

Obwohl meine Mutter über ihre Lage in Verzweiflung geriet, war sie sich in ihrer jugendlichen Unreife wahrscheinlich noch gar nicht bewusst, welche Konsequenzen daraus für alle Beteiligten entstehen würden. Auch sie hatte mit ihrer Lüge vor allem sich selbst betrogen – und sich damit um ein sehr wahrscheinlich von Liebe erfülltes Leben mit meinem leiblichen Vater gebracht, denn ich glaube, sie beide waren tatsächlich füreinander bestimmt gewesen.

Wie viele Male sie das später bereuen sollte, weiß nur sie alleine – ich ahnte jedoch bereits als junges Mädchen, wie sehr sie ihr Leben lang unter dem schicksalshaften Verlauf dieser Liebesgeschichte litt, wie sehr sie ihre Lüge bereute, wie stark ihre Schuldgefühle auch mir gegenüber waren, und wie lange sie brauchte, um ihre Eltern nicht mehr dafür verantwortlich zu machen. Mit fortschreitender Schwangerschaft musste sich meine Mutter mit der Reaktion ihrer Eltern auseinandersetzen. Mein Großvater fasste den Entschluss, dass sie keine Schande über ihr Elternhaus kommen lassen dürfe. Sie suchte sich deshalb eine Arbeitsstelle in Deutschland, um kompromittierenden Bemerkungen zu entgehen und ihren Eltern die Schmach über eine Tochter zu ersparen, die ein uneheliches Kind von einem ausländischen Polizisten erwartete.

So verbrachte sie die Monate vor meiner Geburt alleine im Allgäu in der Nähe von Sonthofen, wo sie in der Familie eines Apothekers mithalf. Manchmal kam ihre Mutter sie dort besuchen; denn trotz aller Unehre, welche sie über ihre Familie gebracht hatte, wurde sie doch weiterhin von ihren Eltern geliebt. Ich erblickte an einem Sonntagmorgen nach einem vielstündigen Geburtskampf das Licht einer Welt, der ich nun bereits mit einer emotionalen Verletzung des Verlassen Werdens angehörte. Weshalb ich anschließend als Baby über die Grenze nach Österreich geschmuggelt wurde, weiß ich heute nicht mehr. Als ich dann im Hause meiner Großeltern ankam, sagte mein Großvater nur: „Gottseidank, das Mäderl hat alle Glieder." Meine Mutter erzählte mir später, dass er des Nachts oft neben meinem Kinderwagen stand, mich lange Zeit versonnen anschaute, sich über mich beugte und mir zart das schlafende Kinderköpfchen streichelte. Auch er litt wohl sein ganzes Leben lang unter Schuldgefühlen, da er die Heirat meiner Mutter mit meinem leiblichen Vater verhindert hatte, weswegen er sie noch auf seinem Sterbebett um Verzeihung bat.

Die oft wiederholten Versuche meiner Mutter, meinem leiblichen Vater nach meiner Geburt Fotos von mir zu schicken, waren vergeblich. Sämtliche Briefe, in welchen sie ihn um Verzeihung für ihre Lüge bat, kamen ungelesen und umgehend an sie zurück. Aber ihr Leben musste weitergehen, und so versuchten ihre Eltern, sie mit Männern, welche ihre Zustimmung fanden, bekannt zu machen. Obwohl meine Mutter dabei einen jungen Herrn kennenlernte, welcher mich ganz besonders gern mochte (was ja eine nicht zu unterschätzende und wichtige Tatsache für sie darstellte), so blieb sie doch mehrere Jahre alleine. Sicherlich ist es ihrem positiven Charakter zuzuschreiben, dass sie ihre Lebensfreude auch in schwierigen Momenten nicht verlor, sodass sie weiterhin ausgehen und das Leben einer jungen Frau leben wollte – und so lernte sie eines Abends auf einem kostümierten Studentenball den Mann kennen, der mein zukünftiger Papi werden sollte. Er war damals gerade erst zwanzig Jahre alt und studierte im zweiten Semester an der technischen Hochschule in Bregenz.

Er wollte Ingenieur werden, was meiner Mutter gefiel und auch bei meinen Großeltern Anklang fand.

Es würde sicherlich nicht der Wahrheit entsprechen, wenn ich behaupten würde, meine Mutter hätte ihn nur geheiratet, damit sie versorgt gewesen wäre und ich einen Vater gehabt hätte. Nein, ich glaube wirklich, dass sie sich beide ineinander verliebt hatten, sich jedoch nicht wirklich kannten, bevor sie heirateten. Insbesondere war mein leiblicher Vater für meinen Papi immer ein Tabu-Thema gewesen, welches er die ganzen Ehejahre nicht ein einziges Mal meiner Mutter gegenüber erwähnte, sodass sie das Vergangene gefühlsmäßig alleine zu bewältigen hatte. Vielleicht wollte er sie davor bewahren, Schmerzvolles wieder aufleben zu lassen, sowie er auch sich selbst vor ihrer Vergangenheit schützen wollte. Wie gut hätte es meiner Mutter jedoch getan, mit ihm darüber reden und ihre Gefühle diesbezüglich mit ihm teilen zu können! Auch mit mir hatte mein Papi nie ein einziges Wort über meinen leiblichen Vater verloren, sodass letzterer für unsere Familie damals nicht existierte. Als junges Mädchen und Teenager hatte ich oft Sehnsucht danach, meinen unbekannten Vater kennenzulernen. Seine Abwesenheit tat mir sogar manchmal körperlich so weh, dass ich plötzlich um Luft ringen musste und das Gefühl hatte, zu ersticken. Es war, als ob er die Hälfte meines Wesens verborgen hielt, zu der ich keinen Zugang finden konnte.

So verbrachte ich meine Freizeit damit, in die Musik zu flüchten, die mich oft zum Weinen brachte, und lyrische Gedichte zu schreiben, in welchen ich den Schmerz der Abwesenheit meines Vaters zu Papier bringen konnte. Schon damals hatte ich das Gefühl, dass ich das Erlebte erst dann bewältigen konnte, wenn ich es aufschrieb. Da ich es jedoch als schmerzlicher empfand, die Abwesenheit meines leiblichen Vaters zu spüren, als ihn aus meinem Herzen auszulöschen, entschied ich mich irgendwann dazu, seine Existenz zu „vergessen". Nur manchmal noch ging der Schmerz durch die angespannte Stille meines Wesens – und hörte in meinem Herzen auf zu sein …

In dieser Zeit entwickelte ich eine emotionale Abhängigkeit zu meinem damaligen Freund Nicolas, ohne welchen ich glaubte, nicht mehr leben zu können. Jedes Mal, wenn wir zu lange voneinander getrennt waren, erfüllte mich eine innere Panik, welche mir den Atem raubte und mich nach Luft ringen ließ... Erst viele Jahre später erkannte ich, dass ich meine gefühlsmäßige Verletzung des Verlassen Werdens, welche ich zutiefst durch meinen mir fehlenden Vater spürte, durch eine Maske emotionaler Abhängigkeit vor mir selbst zu verstecken suchte.

Nach dem Tode meines Papis tauchten für meine Mutter lange verdrängte und schmerzvolle Erinnerungen an meinen leiblichen Vater wieder auf. Sie hatte ihn nie vergessen und sich ihr eigenes Verschulden noch nicht verzeihen können. Diese nach wie vor schwere „Altlast", mit welcher sie sich auch körperlich belastete, ließ sie keine innere Ruhe finden.

Hätte ich nur damals schon gewusst, wie ich ihr hätte helfen können, sich selbst, meinem leiblichen Vater und ihren eigenen Eltern zu verzeihen … Aber darauf mussten wir beide noch einige Jahre warten, denn jeder Mensch braucht seine eigene Zeit, um zu reifen.

Die Klapsmühle

Nach dem Tode meines Papi musste das Leben für meine Mutter, meinen Bruder und mich weitergehen – aber wollte ich mit dem Leben mitgehen? Für mich war die Zeit danach mit extremer Arbeitsbelastung an meinem damaligen Arbeitsplatz und persönlichem Stress durch die berufliche und finanzielle Situation meines Ehemannes verbunden, sodass ich keinen Freiraum hatte, meine Trauer zu verarbeiten, was unbewusst auch meinem Bedürfnis „nur nicht daran zu rühren" entsprach. In Zeiten wichtiger Veränderungen verstärkt sich jedoch emotionale Energie erheblich, sodass auch meine Ängste und seelischen Verletzungen verstärkt zum Ausdruck kamen. So konfrontierte mich das Leben mit der zwingenden Dringlichkeit, meine Trauerarbeit auf eine schmerzhafte, aber schlussendlich erfahrungsreiche Weise nachzuholen.

Mein Ehemann hatte damals gesundheitliche Probleme; oft belasteten ihn starke Rückenschmerzen, welche im unteren Rückenbereich auftraten – ein Zeichen der Angst um materielle Sicherheit, die wir als Familie mit unseren zwei kleinen Söhnen sehr bald konkret erfahren würden. Eines Samstags, als ich mich für ihn hübsch gemacht hatte und mich darauf freute, mit ihm einen gemeinsamen Abend zu verbringen, kam er zu Fuß und tief um Luft ringend im zweiten Stock unseres Wohnhauses an. Ich war sehr besorgt um ihn und bat ihn, am Montagmorgen sofort den Hausarzt aufzusuchen. Es war mir aufgefallen, dass er in letzter Zeit oft müde und abgespannt war, was ich jedoch mehr seiner beruflichen Situation als seinem Gesundheitszustand zuschrieb. Er hatte mit beruflichen Sorgen zu kämpfen und war zudem als Hotelier häufig abwesend. Meine Abende und Wochenenden verbrachte ich meistens alleine mit unseren Söhnen zuhause oder auf dem Kinderspielplatz, wo ich die Paare beneidete, die zusammen das Wochenende genossen und sich verliebt die Hände hielten, während sich ihre Kinder fröhlich austobten ...

Auch musste ich natürlich der Tatsache Rechnung tragen, dass mein Ehemann sechzehn Jahre älter war als ich, was in früheren Jahren keinen erheblichen Unterschied zwischen uns dargestellt hatte. Nun aber, da er gegen die Fünfzig ging, waren unsere Vorstellungen und Erwartungen vom gemeinsamen Leben sowie auch unsere Bedürfnisse in unserer Paarbeziehung unterschiedlich geworden.

Unser Hausarzt, zu welchem wir beide absolutes Vertrauen hatten, stellte daraufhin fest, dass etwas mit dem Herzen meines Ehemannes nicht stimmte – erst einige Jahre später lernte ich, dass das Herz und der Blutfluss zum Herzen der Lebensfreude zugeschrieben werden – wahrscheinlich hatte er tatsächlich seine Lebensfreude in den letzten Jahren durch belastende berufliche und materielle Schwierigkeiten verloren. Auch musste er gespürt haben, dass ich nicht glücklich mit ihm als Ehepartner und abwesender Vater unserer Kinder war. Nach gründlichen medizinischen Untersuchungen stand dann fest, dass seine Herzschlagader bereits vergrößert war und eine seiner Herzklappen nicht mehr richtig funktionierte – was genau derselben Diagnose entsprach, aufgrund welcher mein Vater an den Komplikationen seiner Herzoperation vor fast einem Jahr gestorben war! Nun wurde für meinen Ehemann dieselbe Herzoperation fast auf den Tag genau wie damals für meinen Vater geplant! Diese Tatsache, die eine erneute Konfrontation mit einem möglich eintretenden Tode bedeutete, war fast untragbar für mich. Oft verdrängte ich bewusst die Angst, mich alleine mit unseren zwei Kindern vorzufinden, aber sie holte mich nachts mit furchtbaren Albträumen wieder ein. In dieser Zeit verlor ich gänzlich meinen inneren Halt und war nicht in der Lage, dieser erneuten Lebensprüfung mit Vertrauen gegenüber zu stehen. Ich war deprimiert, von meiner Arbeitssituation überfordert, fast alleine für unsere beiden Söhne verantwortlich – und ich fühlte mich emotional einsam in dieser schwierigen Situation! Meine Angst vor erneutem Verlassen Werden holte mich trotz meiner bisherigen Vogel-Strauß-Taktik kompromisslos ein.

Wie gerne hätte ich damals vertrauensvoll das Beste geglaubt und ihn in dieser auch für ihn schweren Zeit emotional unterstützt – aber ich war dazu nicht in der Lage. Jeder Tag glich einem Überlebenskampf, den es hinter sich zu bringen galt. Unsere beiden Söhne spürten natürlich die Spannungen in unserer Ehe und die großen Belastungen, welchen wir alle ausgesetzt waren. Ihr Vater zog sich völlig von ihnen zurück, verbrachte seine wenigen freien Abende vor dem Fernseher und war trotz seiner körperlichen Anwesenheit für uns unzugänglich. Heute glaube ich, dass ich die Kraft gefunden hätte, meine Ängste zu überwinden, wenn mein Ehemann und ich miteinander über unsere Gefühle, Verletzungen, Ängste und gegenseitigen Erwartungen hätten reden können. Doch zu übermächtig waren meine Verlustängste und meine emotionale Verletzung durch den unvorbereiteten Tod meines Papis, zu groß die Anforderungen, die das Leben in diesem Moment an mich stellte.

Nach der gottseidank erfolgreichen Herzoperation meines Ehemannes, von dessen Seite ich in der Klinik während Tagen kaum gewichen war, folgte eine sechswöchige Rehabilitationszeit, in welcher er körperlich und moralisch wieder aufgebaut wurde. Aber als er dann nach zwei Monaten Abwesenheit, in welcher ich berufliche und elterliche Verpflichtungen alleine übernommen hatte, zu Hause ankam, klappte ich kurz darauf zusammen. Nun, da das Schlimmste überstanden und die größte Gefahr vorbei war, hatte ich all meine Kraft aufgebraucht, war psychisch völlig erschöpft und innerlich leer. Unser fürsorglicher Hausarzt stellte eine Depression fest und wies mich sofort in eine psychiatrische Klinik ein – ich hatte nur wenige Stunden Zeit, das Nötigste einzupacken. Ich stand dabei wie neben mir und schaute mir zu – war das wirklich

ich? Mein einziger Wunsch war, nur noch zu schlafen – und nie mehr aufzuwachen … Das Einzige, was ich bewusst in meine Tasche steckte, war ein Buch von Louise Hay, dessen Titel hieß: „You can heal your life", was so viel wie: „Du kannst dein Leben heilen" bedeutet.

Die Einlieferung in die psychiatrische Klinik war ein schrecklicher Moment. Mein Ehemann war gesundheitlich noch geschwächt, und unsere beiden Söhne waren verschüchtert und verstört, als sie die Psychiaterin sahen, welche mich abholte. Trotz meines energielosen Zustandes fielen mir ihre dunklen Augenringe und hohlen Wangen auf, sie war sehr dünn, ihr Gesicht war aschgrau und ich dachte zuerst, sie sei eine Patientin. Aber es war zu spät, um einen Rückzieher zu machen. Nach einem kurzen Eintrittsgespräch, das in einem Raum mit einem einzigen, hoch gelegenen und kleinen, vergitterten Fenster stattfand, sodass ich mich augenblicklich wie in einem Gefängnis fühlte, wurde ich in mein Zimmer gebracht – gottseidank war es keine Zelle! Ich bemerkte überhaupt nicht, dass es eigentlich sehr schön war, hellgelb gestrichen und mit wunderbarem Seeblick, welchen ich erst am dritten Tage nach meiner Einlieferung wahrnahm. Nach kurzer Zeit kam ein Krankenpfleger, der auf mich wie ein Wächter wirkte, und befahl mir harsch, all meine Kosmetiksachen auf dem Tisch auszubreiten – ich sollte daran gehindert werden, mir mit spitzen und scharfen Gegenständen wie zum Beispiel eine Feile oder Nagelschere selbst etwas anzutun – welch abwegiger Gedanke, und welches Gefühl der Demütigung er in mir hervorrief! Ich wollte doch nur schlafen, das war das Einzige, was ich wollte! Diesem Wunsch wurde auch entsprochen, indem mir intravenös Schlafmittel und Antidepressiva verabreicht wurden – und zwar in so großen Mengen, dass ich nur im Unterbewusstsein wahrnahm, wie ein Drogensüchtiger nebenan in seiner Gummizelle die ganze Nacht schrie und tobte …

Drei Tage und zwei Nächte, welche heute in meinem Gedächtnis völlig fehlen, verbrachte ich in einem absoluten

Dämmerzustand, aus dem ich erst an einem sonnigen Sommertag wieder erwachte. Es war mir verboten, mit meiner Familie Kontakt aufzunehmen, denn ich war in einer geschlossenen Abteilung untergebracht. Täglich versammelten sich alle Mitpatienten, ihre Krankenpfleger und psychologisch geschultes Betreuungspersonal zu einer gemeinsamen Diskussionsrunde. Aber erstaunlicherweise war der schwere Schock, den ich erlitt, als mir bewusst wurde, dass ich mich unter psychisch schwer kranken Menschen befand, auf eine Art und Weise dennoch heilsam. Ich wurde mir jeden Tag bewusster, dass es mir mit einer Erschöpfungsdepression viel besser als den suizidgefährdeten, drogenabhängigen, manisch-depressiven und schizophrenen Mitpatienten ging. Obwohl ich mich noch ziemlich von der Wirklichkeit entrückt fühlte, sagte mir doch mein Verstand, dass ich jetzt und hier vor eine wichtige Wahl gestellt wurde. Ich alleine konnte entscheiden, mich aus dieser Situation befreien zu wollen, indem ich bereit war, meine bisherige Opferrolle aufzugeben und zu lernen, mein Leben selbstverantwortend in die Hände zu nehmen. Ich spürte instinktiv, dass niemand mir helfen konnte, wenn ich nicht den Willen hatte, an mir und meiner Lebensgeschichte zu arbeiten, meine emotionalen Verletzungen zu heilen und mein Leben mit einer positiven Einstellung anzugehen. Aber ich hatte noch keinen blassen Schimmer, wie ich das schaffen konnte.

Erst am Nachmittag des dritten Tages bekam ich dann den für mich zuständigen jungen Psychiater zu Gesicht – er war griechischen Ursprungs und wirkte ausgesprochen nervös auf mich. Er erkannte allerdings klar, dass ich bei der Trauerarbeit um den Verlust meines Papis und bei der Bewältigung meiner fehlenden Beziehung zu meinem unbekannten leiblichen Vater Hilfe brauchte – und da setzte auch seine Behandlung gezielt ein, durch welche ich mich zum ersten Male in meinem Leben in meiner Lebensgeschichte anerkannt fühlte. Endlich kümmerte sich jemand um meinen Gefühlszustand, statt dass ich mich immer um andere zu kümmern und zu sorgen hatte. In späteren Jahren lernte ich dann, wie ich mir selbst Aufmerksamkeit, Zuwendung und Anerkennung schenken konnte, ohne dass ich dabei Krankheit als Mittel brauchte …

Der junge Arzt überließ es mir auch, an den gemeinsamen Tagesprogrammen und Beschäftigungstherapien teilzunehmen, wobei ich mich für Wasserstrahlmassagen und Tai-Chi entschied, was mir sehr gut tat. Aber bei jedem unserer insgesamt drei Gespräche hatte ich ein sehr seltsames Gefühl, welches ich mir nicht erklären konnte. Es war mir jedoch bewusst, dass es dabei um ihn und nicht um mich ging. Eines Tages sah ich, wie er mit seinem Auto viel zu schnell auf die Einfahrt der Klinik zuraste und dachte mir dabei, dass er vorsichtiger fahren sollte. Knapp zwei Jahre nach meinem Verlassen aus der Klinik erfuhr ich dann, dass der junge Psychiater, welcher mir während meines Aufenthaltes wertvolle Hilfe geleistet hatte, bei einem tödlichen Autounfall ums Leben gekommen war. Ich entnahm der Zeitung, dass sein Fahrtempo viel zu rasant für die an jenem Tag herrschenden Wetterbedingungen gewesen sei. Ich entschloss mich, seine Mutter anzurufen, um ihr mitzuteilen, wie wertvoll mir die Hilfe ihres Sohnes gewesen war. Und da es keine Zufälle gibt, kam sie einige Monate später zu mir in meine damals gerade erst eröffnete Praxis, um zu lernen, das Leid über den Tod ihres Sohnes anzunehmen und zu überwinden …

In den zwei mir endlos erschienenen Wochen passierte noch etwas ganz anderes und Wichtiges für mich. Ich erinnerte mich an das Buch, welches ich am Tage meiner Einlieferung noch hastig eingepackt hatte, ohne es bewusst ausgewählt zu haben – es hatte wohl eher mich ausgewählt … Sobald ich mich etwas besser fühlte und wieder fähig war, mich zu konzentrieren, begann ich mit dem Lesen dieses Buches, welches mir übrigens von einer Freundin vor vielen Jahren einmal geschenkt worden war – und ich hörte mit Lesen nicht mehr auf, bis ich die psychiatrische Klinik wieder verlassen konnte.

Die Form von Lebenshilfe, die ich durch das Lesen dieses Buches erhielt, gab mir Antworten auf Fragen, die ich mir schon in jungen Lebensjahren oft gestellt hatte. Durch den heilsamen Schock, mich so elend und am Ende meiner physischen und psychischen Kraft gefühlt zu haben, bekam ich jetzt etwas Positives mit – eine innere Bereitschaft, von dem loszulassen, mit dem ich mir bisher nur selbst geschadet hatte, von meinen unbewussten Ängsten, von meinen negativen Gedanken, von meinem mangelnden Urvertrauen ins Leben, meiner emotionalen Verletzung des Verlassen Werdens und von meiner unbewusst gewählten Opferrolle, welche mit dieser Verletzung in Zusammenhang stand.

Der Wendepunkt

Nach meinem Klinikaufenthalt hatte ich mir selbst das Versprechen gegeben, mich für verschiedene Ausbildungen im psychologischen Bereich zu interessieren. Ich wusste, dass ich dieses Mal mein Ziel nicht unterwegs aufgeben und mich nicht mehr dadurch selbst im Stich lassen würde. Ich hatte willensstark entschlossen, die schmerzvolle Erfahrung meiner vergangenen Depression in Positives umzuwandeln, damit sie nicht umsonst gewesen war und ich nie mehr in meinem Leben eine solch beängstigende und entmündigende Situation erleben musste. Zu diesem Zeitpunkt war ich eher darauf bedacht, von etwas wegzukommen, das ich nicht mehr wollte. Es liegt anscheinend in unserer menschlichen Natur, dass wir eher wissen, was wir nicht wollen, statt zu wissen, was wir wollen.

Durch eine Freundin hatte ich von einer Ausbildung in Neurolinguistischer Programmierung (NLP) gehört und mich sofort dafür entschieden. Als ich diese neue Herausforderung nebst meiner stressbeladenen Arbeit und unseren zwei energiestrotzenden Söhnen an zwei Wochenenden pro Monat während eines Jahres annahm, begann eine völlig neue Lebensphase, welche mich von einem „Aha"-Erlebnis zum nächsten führte …

In dieser Zeit begann ich zu entdecken, wie ich mich selbst durch die Qualität meiner Gedanken hinderlich oder förderlich „programmieren" konnte, was sich auch in meinen Gefühlen und in meiner Sprachanwendung deutlich niederschlug. Ich lernte zum ersten Mal der eigene Meister meines Lebens zu sein und entdeckte die mir innewohnende Kraft und Macht, mein Leben selbstbestimmend zu führen. Ich lernte, dass nicht die äußeren Tatsachen ausschlaggebend waren, sondern das, was ich von ihnen dachte und wie ich sie interpretierte. Sicherlich lenkte mich diese Ausbildung von meinen Eheproblemen ab und war eine gute Beschäftigungstherapie, in welcher ich mich am meisten mit mir selbst auseinandersetzte – ich lernte dabei meine Bedürfnisse, Wertvorstellungen und Ziele kennen, mein Selbstvertrauen wurde gestärkt und ich fing an, mir neue Wege in meinem Leben zuzutrauen. Mein Ehemann motivierte und unterstützte mich dabei, denn er merkte, dass ich mich besser zu fühlen begann. Aber dieses „Sich-Besser-Fühlen" hatte auch seinen Preis … Wie oft, wenn ein Mensch, der in einer Partnerschaft lebt, seinen eigenen Weg zu gehen lernt, kann es sein, dass dieser Weg nicht mehr demjenigen des Partners entspricht. Ich hatte entdeckt, welche Wertvorstellungen meine Grundlage zu einem erfüllten Leben waren, und dass diese Grundlage in meiner Ehe nicht gegeben war. So sehr ich mich selbst entwickeln und verändern konnte, so wenig konnte ich meinen Ehemann oder sonst jemanden ändern, denn jede Veränderung kann nur aus der eigenen Bereitwilligkeit der Person entstehen, die sich zu verändern und in sich zu wachsen bereit ist.

Während ich meine Ausbildung zur NLP-Praktikerin abschloss, lernte ich eine junge Frau kennen, die mir auf meinem Weg zu mir selbst einen wesentlichen Schritt weiterhelfen sollte. Sie lieh mir ein Buch aus, welches von einer kanadischen Schriftstellerin geschrieben worden war, die Lise Bourbeau heißt und welche 1982 in Kanada ein Zentrum für Persönlichkeitsentwicklung unter dem Namen: „Ecoute Ton Corps" (was auf Deutsch „Höre auf deinen Körper" heißt), gegründet hatte. Wie erstaunt war ich, als ich feststellte, dass diese bemerkenswerte Bestseller-Autorin sich von den Arbeiten von Louise Hay, deren Bücher ich ja während meines Klinikaufenthaltes zu lesen begonnen hatte, inspiriert hatte… Aber da der Zufall je länger je weniger für mich eine Option war, spürte ich klar die wegweisende Bedeutung dieses Umstandes. Ich verbrachte die ganze Nacht mit dem Lesen dieses Buches und telefonierte am nächsten Morgen sofort nach Kanada. Ich wollte unbedingt mit Lise Bourbeau persönlich sprechen, denn in dem, was sie in ihrem Buch vermittelte, erkannte ich mich selbst so treffend wieder, dass ich dies fast nicht für möglich hielt. Ich wurde von einer Telefonistin auf ihre Internetseite verwiesen, welche ich gründlich studierte und freudig feststellte, dass auch in Europa Ausbildungen zur Lebensberaterin mit ihrer Methode angeboten wurden. Meine Entscheidung war mir mittlerweile zweifelslos klar geworden – ich würde Lebensberaterin und Therapeutin werden, und zwar basierend auf dieser Lebensphilosophie, welche für mich die holistische Basis zu einem glücklichen, erfüllten Leben darstellte. Nebst einer weiteren und gleichzeitigen Ausbildung als Bachblütenberaterin setzte ich diese erneute, zu mir selbst hinführende Reise fort. Sie ist wohl etwas vom Wertvollsten, das mir neben unseren Kindern vom Leben geschenkt wurde. Ich glaube auch, dass meine Lehrerin dann in mein Leben trat, als ich als Schülerin bereit dazu war. Oft hatte ich das Universum um Beistand und spirituelle Führung gebeten, welche ich immer, wenn ich an sie glaubte, auch erhalten habe.

Der emotionale Abstand zu meinem Ehemann wurde leider immer grösser, je weiter ich mich selbst kennenlernte. Es wurde mir klar, dass ich ihn nicht aus bedingungsloser Liebe, sondern aus vielen gefühlsmäßigen Erwartungen und unerfüllten emotionalen Bedürfnissen geheiratet hatte. Ich hatte von ihm erwartet, dass er mir die Liebe, die Aufmerksamkeit und die Zärtlichkeit schenken sollte, welche ich von meinem Vater nicht bekommen hatte, und die ich bis anhin nicht gelernt hatte, mir selbst und anderen zu schenken. Mir wurde klar, dass mein Liebesbedürfnis ein Fass ohne stabilen Boden gewesen war. Kein Wunder, dass mein Fass oft leer war, da der Boden durch meine fehlende Selbstliebe Löcher hatte. Und kein Wunder, dass ich bisher versuchte hatte, mein starkes Liebesbedürfnis von außen mit der Liebe und Zuwendung meines Ehemannes zu füllen, der seinerseits große Mühe hat, diese zu zeigen.

In dieser Zeit erfuhr ich aus Gary Chapman's Buch: „Die fünf Sprachen der Liebe", dass sich Liebe in verschiedenen Sprachen ausdrücken konnte.

Die erste Sprache entspricht der Liebe, die sich durch Worte ausdrückt. Worte der Wertschätzung, der liebevollen Aufmunterung und ehrlich gemeinten Komplimenten.

Die zweite Sprache entspricht der Liebe, die sich durch qualitativ wertvolle Momente ausdrückt, die man anderen schenkt, in denen man ihre Vorlieben mit ihnen teilt und auf ihre Welt eingeht.

Die dritte Sprache entspricht der Liebe, die sich durch Geschenke und Gesten materieller Art ausdrückt.

Die vierte Sprache entspricht der Liebe, die sich durch Dienste und Hilfeleistungen, sogenannte „Liebesdienste" zeigt, die man anderen erweist.

Die fünfte Sprache entspricht der Liebe, die durch Körpersprache, zärtliche Berührungen, Streicheln und liebevolle Umarmungen ausgedrückt wird.

Hätte ich das damals schon gewusst, dann hätte ich die Liebessprache meines Ehemannes erlernen können, nämlich diejenige der geleisteten Dienste. Er war immer zu Stelle, mir einen „Liebesdienst" zu tun. Sei es, mich um fünf Uhr morgens an den Flughafen zu einem Morgenflug zu bringen (und solche „early birds" gab es für mich als ehemalige Flugbegleiterin natürlich viele), oder für mich Besorgungen zu erledigen. Alle anderen vier Liebessprachen waren für ihn lernbedürftig. Die Sache war aber leider die, dass ich seine Liebesdienste zwar als ganz nett ansah, sie aber nicht als den von mir gewünschten Ausdruck von Liebe deuten und empfinden konnte.

Ich meinerseits sprach vor allem die Körpersprache; für mich war es selbstverständlich und wichtig, dem Menschen, den ich liebte, durch Körperkontakt nahe zu sein, mich in seine Arme zu kuscheln – was für ihn wiederum Fremdsprache war. Da wir also grundsätzlich nicht dieselbe Liebessprache teilten, war eine Verständigung auf emotionaler Ebene schon ansatzweise erschwert. Auch hatten wir beide nicht gelernt, unsere Gefühle der Angst, der Traurigkeit oder der Wut bewusst zu empfinden, zuzulassen und sie in Worten und Gesten so auszudrücken, dass sie keinem von beiden wehtaten, was noch erheblich zu unseren Kommunikationsschwierigkeiten beitrug. Ich hatte mich in der Zwischenzeit selber besser kennengelernt und meine Bedürfnisse bewusst wahrgenommen. Jetzt wusste ich, was ich wollte, jedoch noch nicht, wie ich es erreichen konnte … Ich war mir bewusst geworden, dass ich schon vieles gelesen, gelernt und intellektuell begriffen hatte, mir dies aber noch nicht half, das Erlernte in die Praxis umzusetzen. Dazu fehlten die notwendigen Schlüssel, die aus meinem Herzen kommen mussten.

Obwohl ich davor Angst hatte, entschloss ich mich mit vierzig Jahren, meinem Leben eine neue Wende zu geben. Mein Wunsch und das Bedürfnis, meine Paarbeziehung verändern zu wollen, waren stärker als die Angst vor dem Alleinsein geworden und gaben mir die Kraft, eine der wichtigsten Entscheidungen meines Lebens zu treffen. Um mir über meine Bedürfnisse und Gefühle klar werden zu können, bat ich meinen Ehemann um eine zeitweilige Trennung, welche für uns alle, insbesondere für unsere Kinder, eine schwierige Zeit war. Sie waren in der Zwischenzeit alt genug, um zu spüren, dass die Ehe ihrer Eltern nicht glücklich war, konnten sich aber keinesfalls ein Leben mit getrennten oder geschiedenen Eltern vorstellen. Ich hatte versucht, ihnen zu erklären, warum ich diesen Schritt, welcher ein emotionaler Überlebensschritt für mich war, machen musste, so weh er mir auch für uns alle tat – aber ich war noch nicht dazu fähig, meine Gefühle so in Worte zu fassen, dass meine Kinder sie hätten aufnehmen und akzeptieren können. Oft litt ich unter schmerzhaften Schuldgefühlen, wenn ich an sie dachte und versuchte, mich in sie hineinzuversetzen. Aber ich wusste auch, dass ich ihnen kein positives Vorbild für ihr eigenes Leben sein konnte, wenn ich nicht den Mut fand, für mich, meine Bedürfnisse, meine Wertvorstellungen und mein Glück einzustehen …

Hello Daddy

Dem Entschluss meiner Mutter folgend, welche mir nach dem Tode meines Papis ihren dringlichen Wunsch nach einem Treffen mit meinem leiblichen Vater mitteilte, flogen wir zusammen nach London. Meine Mutter gab sich erst nach dem Tode ihres Mannes das Recht dazu, denn sie hätte ihn zu seinen Lebzeiten nie damit konfrontieren und verletzen wollen. Nun aber hatte sie das tiefe Bedürfnis, das längst Versäumte nachzuholen und mir die Möglichkeit zu geben, meinen leiblichen Vater kennenzulernen, wovon ich allerdings gar nicht angetan war. Ich hatte lernen müssen, mein bisheriges Leben ohne ihn zu leben, und jetzt sollte ich längst vergangene emotionale Verletzungen wieder aufleben lassen, welche ich doch so viele Jahre zu verdrängen und mit ihnen zu leben versucht hatte.

Trotzdem der Gedanke an eine Begegnung zwiespältige Gefühle in mir weckte, spürte ich doch, dass sie für mich und meinen weiteren Lebensweg sehr wichtig war. Und natürlich war ich auch neugierig auf ihn, wobei diese Neugier nur der sichtbare Teil eines Eisberges war, unter welchem ich das tiefe, emotionale Bedürfnis versteckte, meine Herkunft, meine Wurzeln und einen erheblichen Teil meiner eigenen Identität kennenzulernen. Um mich selbst als ganzheitlichen Menschen kennen, verstehen und lieben zu können, musste ich also diesen Schritt wagen. Viele beängstigende Gedanken schossen mir dabei durch den Kopf. Wie würde ich mich fühlen, falls ich ihn unliebenswürdig fände? Wie würde ich darauf reagieren, falls er mich bei unserer ersten Begegnung nicht als seine eigene Tochter anerkennen würde, obwohl es daran keine Zweifel gab? Warum sollte ich ihm überhaupt Wohlwollen entgegenbringen? Hatte er nicht meine schwangere Mutter und mich im Stich gelassen? Mein Ego fand zuerst alle erdenklichen Ausflüchte, um mich dieser Erfahrung zu entziehen, aber intuitiv wusste ich, dass es für mich unausweichlich war, diesen Meilenstein zu überschreiten. Es war mir auch klar geworden, dass alles von meiner inneren Einstellung abhing. Also entschloss ich mich, so positiv und vertrauensvoll wie möglich an diese Sache heranzugehen, denn ich wollte nicht nur mir, sondern auch meiner Mutter zur Möglichkeit verhelfen, die schmerzhafte Vergangenheit in eine bereichernde Gegenwart umzuwandeln. Meine Mutter fand nach einiger Informationssuche seinen Wohnort und seine Telefonnummer. Als sie ihn anrief, war seine Ehefrau aus dritter Ehe am Telefon, welche von dieser ganzen Geschichte keine Ahnung zu haben schien! Natürlich standen meinem leiblichen Vater nun ausführliche Erklärungen bevor, was sicherlich auch für ihn und seine Ehefrau belastend gewesen sein muss.

Am Tage unserer ersten Begegnung trafen wir uns in einem altmodischen Hotel, in welchem meine Mutter und ich untergebracht waren. Mein leiblicher Vater und seine Frau saßen auf einem geblümten Sofa, welches sich in der Blumenstruktur von derjenigen der dahinter liegenden Wandtapete nur wenig abhob. Beide waren sichtlich verlegen und hielten sich an ihren Händen. Meine Mutter, ebenfalls nervös, stellte uns einander vor. Ich konnte nicht umhin, diesen großen, ziemlich gut aussehenden, schlanken Herrn sympathisch zu finden. Er machte auf mich einen eingeschüchterten, aber herzlichen Eindruck, den ich auch von seiner Frau hatte. Sie war diejenige, die mit englischem Small Talk das Gespräch eröffnete – während mich mein Vater sichtlich betroffen und sehr bewegt ansah. In seinen Augen konnte ich wie in einem offenen Buch all das lesen, was nie zwischen uns ausgesprochen worden war – und ich konnte nicht fassen, dass ich schon jetzt eine Vertrautheit zu ihm fühlte, obwohl ich ihn doch noch gar nicht kannte! Meine Mutter und seine Frau ließen uns daraufhin eine Weile alleine, damit wir ungestört miteinander Bekanntschaft schließen konnten – sicherlich war dies auch für meine Mutter und die Ehefrau meines Vaters ein ganz intensiv erlebter Moment. Für jeden von uns überschlugen sich die Gedanken, und jeder war bestrebt, seine Gefühle zu ordnen und die Kontrolle zu bewahren, denn die emotional intensive Spannung war für alle spürbar.

Mein Vater bat mich, mich neben ihn zu setzen. Dann nahm er meine Hand in die seinige und schaute mich mit ausdrucksvollen Augen, die intensive und gemischte Gefühle ausdrückten, an. Er kämpfte sichtlich mit seiner Rührung, welche er vergeblich zu verbergen und zu meistern versuchte. Ich fühlte mich dabei innerlich ebenso aufgewühlt wie er, obwohl auch ich mich bemühte, äußere Haltung zu bewahren. Nach einigen Sekunden wortloser Stille, in denen er meine Hand so innig festhielt, als ob er sie für immer an die seine binden wollte, bat er mich mit fast versagender, rauer Stimme um Verzeihung. Die Tatsache, dass er mich als seine Tochter anerkannte, und seine Bitte um Verzeihen lösten in mir erleichterte Glückstränen aus, welche ich nun nicht mehr verbergen konnte. Es gab für niemanden mehr auch nur den geringsten Zweifel. Wenn unsere Gefühle hörbar gewesen wären, dann hätte wohl in diesem Moment das Largo von Händel ertönt! Dieser Moment war überwältigend und reichte weit über alles hinaus, was ich je zu träumen gewagt hatte. Die emotionale Distanz, welche wir beide soeben noch als Selbstschutz versucht hatten, aufrecht zu erhalten, gab es nicht mehr! Nun gab es kein Zurück in verletzten Stolz, in vergangene Kränkungen, Anschuldigungen und in längst verjährte Lügen mehr – es gab nur noch einen Vater und seine Tochter, welche sich einander auf eine seltsame, unerklärbare Weise bereits nahe standen, obwohl sie sich zum ersten Male in ihrem Leben in die Arme schlossen.

Ich war den Rest dieses Tages von der Intensität meiner Gefühle wie benommen und brauchte ein paar Stunden Zeit, um das Erlebte zu verinnerlichen. Aber ich fühlte mich auch sehr glücklich, ihn kennengelernt zu haben. Hätte ich meine Ängste vor erneuten emotionalen Verletzungen nicht überwunden und hätte ich mich in Anschuldigungen ihm gegenüber gefangen gehalten, dann hätte ich mich selbst um diese, für mein inneres Gleichgewicht lebenswichtige Erfahrung gebracht. Auch für meine Mutter war die Tatsache, dass ich dank ihrer Entscheidung meinen Vater endlich kennengelernt hatte, eine vollbrachte „Wiedergutmachungsaktion", welche ihr schrittweise half, ihm und sich selbst zu verzeihen.

In den darauf folgenden Jahren haben sich mein Daddy, wie ich ihn fortan nannte, und ich ein paar Mal in der Schweiz und in England getroffen. Sehr berührt war ich, als ich erfuhr, dass er aus erster Ehe einen Sohn und eine Tochter hatte, die Julia hieß … Was für ein bedeutungsvolles Augenzwinkern des Lebens, welches mir zuerst meine Lieblingspuppe Julia und dann eine Schwester namens Julia geschenkt hatte. Obwohl meine Schwester Julia von meinem Daddy von meiner Existenz erfahren hatte, habe ich sie jedoch nie getroffen. Ich weiß nur, dass sie mit ihrem italienischen Ehemann glücklich verheiratet ist und sechs Kinder hat!

Dies ist nun schon über zehn Jahre her, in denen ich und mein Daddy wöchentlich in telefonischem Kontakt stehen. Ich kann dazu sagen, dass ich in ihm weniger einen Vater als einen väterlichen, liebevollen Freund erkenne, den ich in der Zwischenzeit kennen- und schätzen gelernt habe. Wir gleichen uns in unserem Körperbau und vor allem aber in der Art, unsere Gefühle zeigen zu können, herzlich und liebevoll zu sein. Ist es nicht wundervoll, dass mich das Leben auf diese Weise bereicherte und mich erst dann zu ihm führte, als ich bereit war, ihm und meiner Mutter zu vergeben? Traurig bin ich nur darüber, dass er seinerseits noch unter seiner Vergangenheit leidet und nicht bereit ist, sich mit mir darüber auszusprechen. Aber auch wenn ich ihm heute den Weg weisen könnte, sich von den Verletzungen der Vergangenheit zu befreien, so muss ich doch akzeptieren, dass niemandem geholfen werden kann, der nicht bereit ist, sich helfen zu lassen.

Ganz anders hingegen ging meine Mutter auf mich und meine helfende Hand zu. Sie spürte, dass ich ihr mit aller Kraft meines Herzens verziehen hatte. Hätte ich nicht gelernt, zu verzeihen, wären wir beide wohl lebenslang in der Vergangenheit verhaftet geblieben und hätten dabei die Gelegenheit verpasst, diese als Chance für unsere Gegenwart anzunehmen.

Die Beziehung zu meiner Mutter wurde daraufhin immer enger, und wir kamen uns über die Jahre hinweg immer näher. In schweren Lebenssituationen sucht sie heute meinen Beistand und Rat, so wie auch sie stets ein offenes Ohr und Herz für mich hat. Ich fühle mich ihr tief verbunden, da unserer Mutter-Tochter Beziehung keine unbewältigte Vergangenheit mehr im Wege steht. Heute zählt meine Mutter zu meinen besten Freundinnen und Vertrauten, und darüber bin ich sehr dankbar und glücklich.

Versöhnung

Nachdem ich den Weg der Selbstliebe während vieler Jahre zu gehen versucht hatte, erschuf ich mir die Möglichkeit, meine vergangene Ehe nicht als „gescheitert", sondern als wertvolle Erfahrung zu betrachten, welche mich erkennen ließ, dass ich von niemand anderem als mir selbst erwarten konnte, mich glücklich und zufrieden zu machen. Ich verstand, dass mein (Ehe)-Partner zwar eine leckere Kirsche auf meiner Sahnetorte sein konnte, dass ich meine Sahnetorte aber selbst backen musste.

In der Folge davon teilte ich meinem Ex-Mann meine Dankbarkeit darüber mit, dass er mir als wertvoller Spiegel geholfen hatte, viel über mich selbst zu lernen. Ich war ihm dankbar für die schöne gemeinsame Zeit, für seine Absicht, mich glücklich machen zu wollen, und für unsere zwei Söhne, auf welche wir beide sehr stolz sind. Nun war ich endlich bereit, meinen Teil der Verantwortung am Verlauf unserer Beziehung ohne Schuldzuweisung und ohne Schuldgefühle anzunehmen. Ich erkannte, wie ich durch unsere Lebensumstände dazu gezwungen worden war, einen neuen Weg zu suchen, der mich schlussendlich zu mir selbst führte. Wäre ich damals nicht bereit gewesen, an mir selbst zu arbeiten, wäre ich heute nicht, wer ich bin – eine Frau, die bewusst zu denken, zu leben, zu lieben und ihre Liebesfähigkeit stets zu erweitern versucht.

Da wir andere Menschen so lieben, wie wir uns selbst zu lieben fähig sind, und uns andere Menschen so lieben, wie sie sich selbst zu lieben fähig sind, können wir unsere Liebesbeziehungen als Spiegel unserer eigenen Liebesfähigkeit ansehen. Seit jeher wurde der tiefe Sinn des Begriffes „Liebe" mit Leidenschaft, Sexualität, Zärtlichkeit, Zuneigung oder mit dem Bedürfnis, geliebt zu werden, verwechselt. Liebe ist in erster Linie eine Energie, die man zuerst aus sich selbst heraus entfalten muss, um sie anderen schenken zu können. Diese Energie der Liebe entspricht in ihrer reinsten Form dem Respekt und der Dankbarkeit, die man für alles Erschaffene und für alle Wesen auf menschlicher, tierischer oder pflanzlicher Ebene empfindet.

Liebe ist eine Gabe, welche ich heute ohne Erwartungen zu schenken versuche. Aber ich gebe mir auch das Recht, nicht immer fähig dazu zu sein, erwartungslos geben und lieben zu können. Das Wichtige für mich dabei ist, diese Erwartungen klar zu formulieren und mit dem Menschen, dem gegenüber ich diese Erwartungen habe, abzuklären, ob er sie im Einklang mit sich selbst erfüllen kann und will oder nicht. Wenn dies nicht der Fall ist, versuche ich, ein allfälliges „Nein" nicht als Ablehnung meiner Person, sondern als Zeichen dafür zu verstehen, dass die andere Person ihre eigenen Grenzen respektiert und dass sie ein Anrecht auf andere Bedürfnisse, Wertvorstellungen und Überzeugungen hat wie ich.

Jemanden vorbehaltslos zu lieben bedeutet auch, ihn so anzunehmen, wie er ist, ohne ihn verändern zu wollen; und ihm ohne Kritik und Vorwürfe ein Recht auf seine eigenen Bedürfnisse, Wünsche, Überzeugungen, Erwartungen, Ängste, Grenzen und Schwächen zuzugestehen. Lieben bedeutet für mich, zu akzeptieren, dass jeder Mensch ausschließlich für seine eigene persönliche und spirituelle Entwicklung auf dieser Welt ist, die er nur durch seine eigenen Erfahrungen erleben kann. Auch wenn wir als Eltern unseren Kindern gewisse Erfahrungen ersparen möchten, so ist es doch sinnvoll, anzuerkennen, dass sie nicht nur ihre eigenen Erfahrungen selbst erleben, sondern auch ihre eigenen Rückschlüsse daraus ziehen dürfen, und dass in ihrem Lebensplan vielleicht Erfahrungen vorgesehen sind, die nicht unseren Vorlieben entsprechen.

Die Art und Weise, wie wir die Liebe anderer zu gewinnen versuchen, ist sehr aufschlussreich. Wenn wir mit allen Mitteln versuchen, von anderen geliebt zu werden, bedeutet das ein Mangel an Selbstliebe und emotionale Abhängigkeit. Je mehr wir in uns selbst Liebe gesät haben, desto mehr Liebe strahlen wir aus, und desto mehr Liebe ziehen wir an, ohne dass wir dafür anderen Menschen um jeden Preis gefallen müssen.

Mein Ex-Mann verstand schlussendlich, dass ich meine Entscheidung nicht gegen ihn, sondern für mich getroffen hatte. Ich war sehr erleichtert, dass wir beide unsere Scheidung in gegenseitigem Respekt gütlich hinter uns gebracht hatten und dass auch unsere Kinder allmählich begannen, meine Entscheidung zu begreifen und zu akzeptieren. Nachdem ich in meinem Herzen die Zeit, die wir zusammen verbracht hatten, als bereichernde Erfahrung abschließen konnte und mir selbst für meine Entscheidung verziehen hatte, fühlte ich mich bereit, mich als Therapeutin und Kursleiterin im Bereich der Persönlichkeitsentfaltung selbstständig zu machen.

Die darauf folgenden fünf Jahre zählten zu den glücklichsten meines Leben, denn ich konnte genau das umsetzen, was ich immer als meine Lebensaufgabe erachtet hatte. Nach Ablauf der ersten vier Jahre meiner beruflichen Selbstständigkeit wurde mir dann das große Glück vergönnt, meinen jetzigen Lebenspartner und mit ihm auch meine Zwillingsseele kennenzulernen. Wie vieles hatte sich in meinem Leben positiv verändert! Heute akzeptiere ich, dass ein Wiederaufbau nur durch eine Phase vorausgehenden Abbaus möglich ist. Dabei taucht das Bild eines Puzzles vor mir auf, das nicht mehr meinen Wünschen entspricht und das ich verändern möchte. Bevor ich jedoch nicht bereit bin, das bestehende Puzzle abzubauen, so lange kann ich am bestehenden Puzzle nichts verändern (was allerdings nicht zerstören bedeutet, wenn ich dabei bewusst jene Puzzleteile auswähle, die ich in mein neues Puzzle übernehmen will). Ich stimme zu, dass diese Phase des Abbaus verunsichernd sein kann, denn damit entziehen wir uns für einen gewissen Zeitraum die uns vertraute und als Sicherheit empfundene Grundlage, auch wenn diese nicht mehr unseren Bedürfnissen und Wünschen entspricht. Dieser Schritt braucht Selbstvertrauen, Mut, Glauben an sich selbst und an seine Wertvorstellungen. In dieser Phase sieht man unzählige Puzzleteilchen vor sich liegen, die zusammen einen großen, ungeordneten Haufen ergeben, der wie ein Lebenschaos erscheint. Aber dieser Übergang ist notwendig und unabdingbar, um vergangene Erlebnisse loszulassen und damit für neue Erfahrungen Raum zu schaffen…

Liebe Leserin, lieber Leser!

Dieser erste autobiografische Teil erzählte meinen eigenen Werdegang, der in mir den Wunsch weckte, dich an Erfahrungen teilhaben zu lassen, welche mich und mein Leben äußerst wertvoll bereichert haben.

Im weiteren Verlauf des Buches schildere ich nun die beiden essenziellen Themen Selbstliebe und Selbstverwirklichung sowie die daraus gewonnenen Erkenntnisse, die ich an dich weitergeben möchte.

Möge dich dieser zweite Teil als Ratgeber auf dem Weg zu dir selbst begleiten und dazu beitragen, dein Herz zu berühren und zu öffnen, indem er dich ermutigt, dich selbst zu lieben, an dich zu glauben und dich sinngebend zu entfalten.

ZWEITER TEIL

Über die Selbstliebe

Liebe dich selbst

Um verstehen zu können, was Selbstliebe ist, ist es wichtig, zuerst den Unterschied zwischen Egoismus und Selbstliebe klarzustellen, da viele Menschen glauben, ein sich selbst liebender Mensch sei ein egoistischer Mensch.

Was ist Egoismus?

Als egoistisch gilt eine Person, wenn sie ihre eigenen Belange, Wünsche und Interessen ausnahmslos über diejenigen anderer Menschen stellt, ohne deren Bedürfnisse wahrzunehmen und zu respektieren.

Ein egoistischer Mensch versucht, auf Kosten anderer Menschen Vorteile für sich selbst zu erlangen. Er macht andere für die Erfüllung seiner Wünsche und Bedürfnisse verantwortlich, und/oder er verlangt von anderen etwas, nimmt ihnen etwas weg, ohne dass er das Einverständnis der betroffenen Person eingeholt hat.

Egoistische Menschen versuchen in ihrem eigenen Interesse anderen Menschen ihre eigenen Wünsche aufzudrängen. Sie erleben viele Enttäuschungen, da ihre Erwartungen in andere Menschen sehr hoch sind. Dann klagt die egoistische Person meist andere Menschen an, egoistisch zu sein, da es generell einfacher ist, eigene Wesenszüge in anderen Menschen als in sich selbst zu erkennen.

Egozentrische Menschen hingegen interessieren sich hauptsächlich nur für sich selbst und bringen alles mit sich selbst in Verbindung.

Narzisstischen Menschen bereitet es Freude und Genugtuung, sich um sich selbst zu kümmern, sich selbst zu bewundern, zu gefallen und sich selbst zu genügen.

Altruistische Menschen sind hingegen mehr anderen als sich selbst zugewandt, sie kümmern sich mehr um andere als um sich selbst und erachten die Bedürfnisse anderer für wichtiger als ihre eigenen. Übersteigerter Altruismus zeigt einen Mangel an Selbstwertgefühl und Selbstachtung auf.

Was ist Selbstliebe?

Ein sich selbst liebender Menschen kennt und bejaht, schätzt und respektiert sich selbst und steht für seine eigenen Belange, Wünsche und Interessen ein, ebenso wie er diejenigen anderer Menschen respektiert. Er hat ein offenes Herz für sich selbst und andere Menschen, verfügt über ein positives Selbstbild und ein solides Selbstvertrauen. Er übernimmt Eigenverantwortung für seine eigenen Wünsche und Bedürfnisse und versucht, sich selbst bedingungslose Liebe entgegenzubringen, welche auf Selbstakzeptanz basiert. Er versucht, alle Aspekte seiner Persönlichkeit anzunehmen; auch diejenigen, welche ihm weniger gefallen, indem er akzeptiert, dass er sie selbst erschaffen hat.

Ein sich selbst liebender Mensch anerkennt, dass sich seine Ängste, Grenzen, Überzeugungen, Wünsche, Vorlieben, Stärken und Talente ständig verändern und weiterentwickeln; und dass er darin keinesfalls anderen Menschen gleichen muss. Er erkennt sich selbst und andere Menschen als unvergleichbares und einzigartiges Wesen, auch wenn er sich noch weit davon entfernt fühlt, seinem eigenen Idealbild zu entsprechen. Die Suche nach übersteigertem Perfektionismus steht in diesem Zusammenhang für die Angst, als nicht perfekt zu gelten und deshalb nicht liebenswert zu sein können, und hat nichts mit Selbstliebe zu tun. Sich selbst zu lieben bedeutet, zu wissen und zu akzeptieren, dass wir alle in jedem Moment unseres Lebens aus dem Wissen heraus handeln, das uns zu diesem Zeitpunkt zur Verfügung steht, womit wir auch unsere Fähigkeiten und unsere zeitweiligen Grenzen respektieren.

Sich selbst anzunehmen und seine Lebenserfahrungen sinnvoll umsetzen zu können, bedingt die Fähigkeit, sein eigener Beobachter sein zu können. Eine Distanz zu erschaffen, in welcher man sich selbst wohlwollend von oben (wie sein eigener Schutzengel) beobachtend über die Schulter zusieht, erlaubt, vieles mit mehr Mitgefühl uns selbst und anderen gegenüber zu sehen. Denn alle Geschehnisse unseres Lebens haben den Zweck, uns zu lehren, uns selbst lieben zu lernen, bevor wir fähig sind, unseren Nächsten wie uns selbst zu lieben …

Einer der grundlegendsten Wege zur Selbstliebe ist Selbsterkenntnis. Im Wissen, dass wir auf dieser Erde leben, um uns als menschliche und spirituelle Wesen weiterzuentwickeln, haben wir das Recht auf unsere individuelle „Entwicklungsreise", um aus ihren Erfahrungen zu lernen und an ihnen zu wachsen. Wir alle sind Wesen mit der schöpferischen Kraft, uns ein sinnerfülltes Leben zu erschaffen, und wir alle haben die freie Wahl, an unserer Weiterentwicklung zu arbeiten. Jeder neue Tag, jedes neue Erlebnis, ob wir es nun für uns als positiv oder negativ bewerten, trägt zu unserem Entwicklungspotenzial bei, wenn wir daran zu wachsen bereit sind! Inneres Wachsen bedingt, aufmerksam und wach mit uns selbst umzugehen und in uns hinein zu hören. Wirkliche Selbstliebe bedeutet auch, uns mit der Quelle bedingungsloser Liebe verbunden zu fühlen, aus welcher die Energie alles Lebenden besteht. Sich selbst Eins mit dem Leben und dem großen Ganzen zu fühlen und das Leben zu lieben ist das wirksamste körperliche, seelische und geistige Heilmittel, das es gibt.

Öffne dein Herz

Was ich als Herz bezeichne, ist der Sitz unserer Gefühle, unseres Emotionalkörpers und des Bewusstseins, welches uns mit unserer Liebesfähigkeit verbindet. Es sind unsere Herzensqualitäten, die uns zu Güte, Mitgefühl, Liebe und Verzeihen befähigen. Je mehr wir lernen, liebevoll mit uns selbst umzugehen, und uns so anzunehmen, wie wir sind, desto weiter öffnet sich unser Herz und desto besser können wir unsere emotionalen Verletzungen heilen.

Manche Menschen verschließen jedoch ihr Herz und schneiden sich von ihren Emotionen ab, da für sie „Fühlen" gleichbedeutend mit „Leiden" ist. Sie wollen nicht erneut an ihren seelischen Verletzungen rühren, welche sie vielleicht schon seit vielen Jahren vor sich selbst zu verstecken versuchen. Indem sie das tun, verschließen und verhärten sie jedoch ihr Herz, was sie daran hindert, für sich selbst offen zu sein und Selbstliebe empfinden zu können. Denn nur, wer ein offenes Herz sich selbst gegenüber hat, ist fähig, sich selbst und andere Menschen zu lieben.

„Wahre Intelligenz kommt aus dem Herzen"

Stell dir einmal vor, du hättest eine Verletzung an der Innenfläche deiner rechten Hand, welche du vor dir selbst und anderen zu verstecken versuchst. Zuerst wirst du vielleicht so tun, als ob nichts sei, aber unbewusst spürst du, dass diese Wunde nicht von alleine heilt. Du kannst sicher sein, dass ein anderer Mensch, welcher nichts ahnend deine Hand schüttelt, dir genau da wehtun wird, wo sich deine Verletzung befindet. Vielleicht wirst du sogar aufschreien und ihm sagen: „Du tust mir weh!", obwohl dies gar nicht seiner Absicht entspricht. Dann wirst du wahrscheinlich immer größere Pflaster auflegen, bis du schließlich zu einem Verband greifen musst, der deine Bewegungsfreiheit einschränkt. Dabei wirst du dich bemühen, andere Menschen nicht sehen zu lassen, wie verletzt du bist. Deiner Wunde geht es dadurch kein bisschen besser, nur schaffst du immer mehr Distanz zwischen ihr und dir, was dich davon abhält, dich liebevoll um sie zu kümmern und sie zu pflegen. Eines Tages bist du dann von so vielen und dicken Verbandsschichten umhüllt, dass du einer unbeweglichen Mumie gleichst. Zwar hast du dich von dem verletzten Teil in dir abgewandt und spürst deine Wunde nicht mehr, aber du bist auch nicht mehr fähig, intensiv positive und glückliche Gefühle zu empfinden.

Genau dasselbe passiert gefühlsmäßig, wenn wir uns von unseren Emotionen abtrennen. Nur wenn wir den Mut haben, unsere „Verbände" abzulegen, die wir uns in Form von verschiedenen Masken zugelegt haben, und auf welche ich in Verbindung mit den emotionalen Verletzungen noch näher eingehen werde, dann können wir tatsächlich beginnen, unsere Wunden wirklich zu heilen. Das bedingt jedoch, dass wir bereit sind, unsere Verbände oder Masken fallen zu lassen und die Wunde bewusst anschauen, bevor wir sie durch Selbstliebe heilen können. Dieser Moment ist schmerzhaft, denn er konfrontiert uns mit dem, was wir zu verdrängen versucht haben, aber dies ist ein unumgänglicher Schritt, um uns wieder zu befähigen, positive Gefühle für uns selbst und für andere zu empfinden.

Du kannst das auch mit Zwiebelschälen vergleichen. Wenn du zum Zwiebelherz durchdringen willst, musst du eine Schicht nach der anderen ablegen, was dich tatsächlich zum Weinen bringen kann. Dieses Weinen ist jedoch ein heilsamer erster Schritt zur Selbstliebe. Nur, wenn du bereit bist, dein Herz wieder zu öffnen, deine verdrängten Emotionen und Verletzungen wieder zu fühlen, um sie dann loslassen zu können –, nur dann kannst du zu deinem tiefsten Wesenskern zurückfinden.

Viele Menschen geben ihrem Ego, welches dem Mentalkörper entspringt, den Auftrag, die Kontrolle zu übernehmen, um keine Emotionen mehr spüren zu müssen. Unter Ego verstehe ich die Gesamtheit unserer Gedanken, Überzeugungen und Interpretationen, welche unserem Intellekt zugehören. Je mentaler und intellektueller der betreffende Mensch ist, umso mehr wird es ihm vorerst gelingen, sich selbst von seinen Gefühlen abzutrennen und sich in einem selbsttrügerischen Glauben zu wiegen, er habe alles vernunftmäßig unter mentaler Kontrolle – bis die Grenze des Emotionalkörpers erreicht ist und der Deckel des Schmelztiegels voll gestauter und unbewältigter verletzter Emotionen platzt. Dann können als Folge physische, psychische und mentale Störungen und Krankheiten auftreten, da unser physischer Körper der „Bote" des Gleichgewichtes unseres Emotional- und Mentalkörpers ist. Für unsere ganzheitliche Gesundheit ist es deshalb wichtig, sein Herz für sich selbst zu öffnen und zu akzeptieren, dass gewisse Verletzungen immer noch schmerzen. Nur dann können wir sie auch wirksam heilen, was ein wesentlicher Bestandteil der Selbstliebe ist.

In diesem Zusammenhang ist es nützlich, den Unterschied zwischen Emotionen und Gefühlen klarzustellen. Emotionen nenne ich die aus unserem Denken und unseren mentalen Überzeugungen resultierenden Empfindungen, die bewusst oder unbewusst Angst beinhalten. Die Mehrheit unserer Emotionen entsteht aus enttäuschten Erwartungen. Jedes Mal, wenn wir eine Situation nicht akzeptieren, erleben wir Emotionen, die ein Ausdruck unserer Verurteilung oder Beschuldigung unserer selbst oder anderer Menschen sind und somit schlussendlich die Angst ausdrücken, nicht geliebt zu werden. Wenn wir zum Beispiel Wut, Traurigkeit oder Angst empfinden, dann ist unsere innere Harmonie gestört und erlaubt uns nicht, unser eigener Beobachter zu sein, da wir in diesem Moment nicht zu der nötigen inneren Distanz zu unseren Emotionen fähig sind. Dabei sind Emotionen weder gut noch schlecht, weder „richtig" noch „falsch". Sie sind ein gefühlsmäßiger Ausdruck derjenigen Gedanken, Überzeugungen und Interpretationen, die wir mental entstehen lassen.

Hast du schon einmal beobachtet, wie du auf Enttäuschungen reagierst? Zuerst fühlst du den Schmerz über die nicht erfüllte Erwartung eines deiner emotionalen Bedürfnisse, aber kurz darauf übernimmt dein Mentalkörper die Kontrolle, indem er andere Menschen, das Leben oder dich selbst anklagt … Emotionen wie Angst, Wut oder Traurigkeit, welche zu den drei Grundemotionen des Menschen gehören, haben eine wichtige Aufgabe. Sie können zu Selbstkenntnis verhelfen und dazu beitragen, unbewusste Aspekte unseres Wesens auf-zudecken, wobei jede der drei Grundemotionen ihre eigene Nachricht für uns hat. Angst ist jedoch diejenige Emotion, die sich immer in Wut oder Traurigkeit vorfindet.

Angst zeigt uns, dass wir uns entweder in einer konkreten oder in einer von uns selbst mental erschaffenen, zukünftigen Gefahr befinden. Angst will uns zeigen, dass es uns an Schutz mangelt, den wir durch Vertrauen in uns selbst, in unsere Umwelt und in das Leben als großes Ganzes aufbauen können. An seinem Selbstvertrauen und dem Ur-Vertrauen ins Leben zu arbeiten ist das wirksamste Heilmittel aller Ängste.

Ich schlage dir nun für den weiteren Verlauf der Lektüre vor, deine Selbsterkenntnis mit den nachstehend aufgeführten Arbeitsteilen in Schrägschrift praktisch zu erweitern.

Schreibe einige deiner bedeutsamsten Ängste auf. Frage dich, was das Schlimmste wäre, dass dir passieren könnte? Wie würdest du dich fühlen?

Wut zeigt uns, dass wir ein aktuelles Bedürfnis haben, für dessen Nicht-Erfüllung wir andere anklagen, indem wir ihnen mangelnden Respekt vorwerfen, statt selbst die Verantwortung für die Verwirklichung dieses Bedürfnisses zu übernehmen. Jedoch kann niemand eines unserer Bedürfnisse respektieren, wenn wir das nicht uns selbst gegenüber tun. Wut kann der treibende Motor für Veränderungen in der Gegenwart sein, wenn wir eigene Bedürfnisse klar und respektvoll ausdrücken.

Versetze dich in eine Situation, in welcher du auf jemanden wütend warst. Wessen klagst du diesen Menschen an? Schreibe unten stehend auf: „Ich werfe diesem Menschen vor, (füge ein Adjektiv ein) … zu sein."

Ist es möglich, dass auch du manchmal zu anderen oder zu dir selbst so bist?

Traurigkeit zeigt uns, dass wir einen in der Vergangenheit liegenden Verlust nicht akzeptieren und das Erfahrene nicht loslassen können. Sie will uns bewusst machen, dass alles im Leben Veränderung bedeutet und dass diese Veränderung und das Loslassen von Vergangenem die Grundlage für etwas Neues und Bereicherndes darstellt.

Schreibe auf, was dich traurig macht. Was wäre das Schlimmste, das dir passieren könnte, wenn du das Vergangene loslässt? Welche anderen Emotionen werden in dir wach? Welche Ängste lösen diese Emotionen aus?

_____

_____

_____

_____

_____

_____

_____

_____

_____

_____

_____

_____

_____

_____

_____

_____

Gefühle hingegen sind Empfindungen, die uns spüren lassen, was in uns vorgeht. Wenn wir Gefühle zulassen, können wir lernen, sie ausdrücken und dabei Beobachter unserer selbst bleiben, da Gefühle uns nicht wie Emotionen von unserer inneren Mitte entfernen, sondern uns bereichernd spüren lassen, was in unserem Herzen vorgeht.

Das Empfinden unserer Gefühle dazu zu nutzen, zentriert zu unserer Mitte zu finden, bedeutet auch, durch unsere innere Kraft und unser Ur-Vertrauen in innerer Ausgeglichenheit und Harmonie zu leben. Wenn wir zentriert in unserer Mitte sind, erkennen wir unsere eigenen Bedürfnisse und wissen intuitiv, was für uns sinnvoll ist und was nicht. Ein Mensch, der in seiner Mitte ruht, ist durch sein offenes Herz in Kontakt mit seinem Innersten. Er ist mit seiner göttlichen Quelle und mit den Bedürfnissen seiner Seele, seines tiefsten innersten Wesens verbunden. Wenn wir in unserem Herzen zentriert sind, dann besitzen wir auch die Fähigkeit Güte, Mitgefühl und Liebe zu empfinden und weiterzugeben.

Je mehr wir uns als Menschen mit dem Reichtum unseres Herzen und unserer Seele verbunden fühlen, desto bewusster können wir im Hier und Jetzt unsere Schöpferkraft ausleben. Ein Mensch, der mit seinem Herzen zu sehen, zu hören und zu fühlen fähig ist, kann das Herz eines anderen Menschen berühren und damit das Gute, das es in sich trägt, enthüllen.

Akzeptiere, was ist

**Akzeptieren bedeutet,
annehmen zu können,
was ist;
auch wenn man es nicht verstehen kann
und nicht damit einverstanden
(oder derselben Meinung) ist.**

Für unseren Intellekt, welcher unserem Mentalkörper entspringt, ist das jedoch ziemlich schwierig anzunehmen, nicht wahr? Unser Ego erlaubt uns nämlich nicht, etwas zu akzeptieren, mit dem wir nicht einverstanden sind, und das wir mental oder emotional nicht verstehen können.

Akzeptieren bedeutet, den Menschen und den Tatsachen das Recht zu geben, so zu sein, wie sie sind, und etwas feststellen und annehmen zu können, ohne es zu beurteilen oder zu kritisieren. Es bedeutet auch, jegliche Arten von Erfahrungen mit Menschen zu erleben, ohne sie verändern zu wollen. Diese spirituelle Form der Akzeptanz findet ihre Wurzeln im tiefsten Sein unseres Wesens, wo es kein Gut und Böse gibt.

Sich selbst annehmen zu können ist eine Form von Selbstachtung, von Mitgefühl sich selbst gegenüber und bedeutet, sich das Recht zu geben, ein Mensch mit seinen Ängsten, Fehlern, Schwächen und Grenzen zu sein, was ein Bestandteil der Selbstliebe ist. Viele Menschen glauben jedoch, dass sie ihre Schwächen und Fehler noch verstärken würden, falls sie sich selbst so akzeptieren, wie sie sind. Sie glauben, dass ständige Selbstkritik und Selbstverurteilung sie zu den Menschen werden lässt, die sie eigentlich sein wollen. Diese Annahme trifft jedoch nicht zu. Je mehr wir uns selbst kritisieren und verurteilen, desto weniger akzeptieren wir uns und desto weniger werden wir uns selbst ändern können, denn die Dinge, denen wir uns widersetzen, widersetzen sich uns.

Wir können nur ändern,
was wir bedingungslos akzeptiert haben!

Anerzogene Verhaltensmuster spielen dabei eine wichtige Rolle. War die Erziehungsstrategie unserer Eltern, uns oft zu kritisieren, uns ständig zu ermahnen und nichts an uns als genug gut anzuerkennen, dann liegt es nahe, dass wir später selbst auch diese Strategie anwenden, da wir wie unsere Eltern glauben, sie sei von Nutzen, um ein „besserer" Mensch zu werden. Nun steht es uns allerdings frei, Überzeugungen, die von unseren Eltern oder von anderen Menschen stammen, zu übernehmen oder nicht.

Wie können wir wissen, ob wir etwas wirklich akzeptieren, oder ob wir resigniert haben und immer noch mit etwas hadern? Wenn wir beim Gedanken an eine bestimmte Person oder Situation keine anklagenden Emotionen empfinden, können wir davon ausgehen, dass wir wirklich mit dem Herzen akzeptiert haben.

Wenn wir einen Menschen oder eine Situation nicht akzeptieren können, glauben wir oft, dass das Geschehene unrecht war und dass der betreffende Mensch uns zurückgestoßen, verlassen, erniedrigt, verraten oder ungerecht behandelt habe. Diese Interpretation ruft viele Emotionen, vor allem Enttäuschung, Frustration und Wut, hervor. Das Wichtige ist, dass wir uns das Recht geben, unsere Emotionen zu fühlen und zu akzeptieren. Auch die Feststellung, dass wir noch nicht fähig sind, etwas zu akzeptieren, ist eine Form bedingungsloser Liebe uns selbst gegenüber.

**Ungelöste Probleme
oder schwierige Lebenssituationen
kehren so lange wieder,
bis sie frei von Schuldzuweisung und Anklage
mit dem Herzen akzeptiert wurden.**

Das Leben will uns damit die Chance geben, uns der Konsequenzen unseres Denkens, Fühlens und Handelns bewusst zu werden und zu erkennen, welche Denkweise für uns sinnvoll und nützlich ist. Es will uns helfen, bedingungslose Akzeptanz zu üben, ohne Verurteilung, ohne Kritik, ohne Anklage, ohne Schuldgefühle und ohne Bedauern!

Und um uns dabei zu unterstützen, schenkt uns das Leben wirkungsvolle Spiegel, welche uns von anderen Menschen vorgehalten werden, damit wir durch ihre Resonanz mehr über uns selbst und unsere Selbstakzeptanz erfahren können! Diese „Spiegelresonanz" besagt, dass alle Aspekte, welche wir in uns selbst tragen, von anderen reflektiert und auf uns zurückgespiegelt werden. Das heißt also, dass wir alle Qualitäten und Fähigkeiten, welche wir an anderen Menschen lieben und schätzen, grundsätzlich auch in uns selbst tragen!

Das bedeutet jedoch auch, dass alles, was uns an anderen stört und wessen wir sie kritisieren, eine emotionale Resonanz in uns selbst hat, denn sonst könnten wir ihre Fehler und Unzulänglichkeiten beobachtend feststellen (Gefühl), ohne sie als störend oder verletzend zu empfinden (Emotion). Die Tatsache, dass wir uns gestört und verletzt fühlen, deutet auf den in uns selbst noch nicht abgeklärten und nicht akzeptierten Teil hin.

Wenn wir uns also von anderen nicht akzeptiert fühlen, dann zeigt uns die Spiegelresonanz, dass es in uns selbst Aspekte gibt, die wir nicht akzeptieren. Wenn ich mich von jemandem gestört oder verletzt fühle, ist es nützlich, mir die Frage zu stellen: „Was beschuldige ich den anderen zu sein?" Vielleicht beschuldige ich ihn, respektlos zu sein. Dieses „respektlos Sein" zeigt mir die bestehende Möglichkeit, dass auch ich manchmal ohne negative Absicht unbewusst respektlos anderen gegenüber sein kann. Denn jede unserer Verhaltensweisen entspringt immer einer für uns selbst positiven Absicht. Es kann mir auch zeigen, dass ich Respektlosigkeit verurteile und dass ich mir selbst nie gestatten würde, anderen Menschen gegenüber respektlos zu sein. Inwieweit hat das Thema Respektlosigkeit mit meinem Leben, meiner Vergangenheit, meiner Kindheit zu tun und beleuchtet Aspekte, welche ich noch nicht akzeptiert und überwunden habe?

Aber in den meisten Fällen tun wir das, wessen wir andere anklagen, uns selbst an.

Ist mir bewusst, dass ich mir selbst gegenüber manchmal respektlos bin, dass ich mir selbst nicht genügend Selbstachtung und Selbstliebe entgegenbringe? Vielleicht, indem ich meine eigenen Grenzen nicht anerkenne, nicht auf meine Bedürfnisse höre, nicht für meine Wertvorstellungen einstehe, zu viel für andere tue, weil mich nicht getraue, Nein zu sagen … Interessant, nicht wahr?

Wenn wir die Idee akzeptieren können, dass andere Menschen Spiegel unserer eigenen nicht akzeptierten Aspekte sind, ist es sinnvoll, die Spiegelresonanz durch die vorgehende Fragestellung anzuwenden. Wenn uns ein Wesenszug oder eine Verhaltensweise eines anderen Menschen stört, können wir dadurch viel über uns selbst und unseren Grad an Selbstakzeptanz lernen. Da es für uns oft schwierig ist, uns selbst objektiv zu erkennen, ist es nützlich, uns nahestehende Menschen zu fragen, ob sie in uns auch manchmal Wesenszüge und Verhaltensweisen erkennen, derer wir andere anklagen. Diese Übung zur Selbsterkenntnis ist äußerst aufschlussreich und lehrt, uns selbst so anzunehmen, wie wir sind, bevor wir toleranter und liebevoller auf andere reagieren können.

Je mehr uns eine Person oder eine Lebenssituation stört und wir sie deswegen anklagen, desto eindringlicher will uns das Leben spiegelbildlich bewusst machen, dass wir Teile von uns selbst und vergangene Lebenssituationen nicht akzeptieren. Dabei spielt es keine Rolle, ob wir diese Anklage nun offen aussprechen oder gedanklich nähren, ob wir uns dessen bewusst oder unbewusst sind.

Wenn wir Teile unseres Wesens nicht akzeptieren können, dann deshalb, weil wir Angst haben, nicht geliebt zu werden, wie wir sind. Da wir nun die Spiegelresonanz kennen, wissen wir, dass andere Menschen uns nur so lieben können, wie wir uns selbst lieben, denn sie spiegeln den Grad unserer Selbstakzeptanz und Selbstliebe wieder.

Selbsterkenntnis –
An-er-kenne dich selbst

Selbsterkenntnis beruht unter anderem auf unserer Fähigkeit, uns bewusst zu sein, wann wir angstvoll unserem Ego verhaftet – und wann wir durch die Liebesfähigkeit unseres Herzens mit unserem tiefsten Wesen verbunden sind.

**Denn alles, was wir tun,
tun wir entweder aus Liebe oder aus Angst**

Um dich selbst besser kennenzulernen, ist es ist deshalb aufschlussreich, dich in wichtigen Situationen zu fragen, ob das, was du denkst, fühlst und tust, aus Liebe oder aus Angst entsteht. Wenn wir unserem Ego verhaftet sind, dann haben wir Angst um uns selbst, Angst davor, verletzt und nicht geliebt zu werden. Durch unsere Ängste haben wir uns Überzeugungen geschaffen, die uns daran hindern, mit unserem Selbst, unserem tiefsten Wesenskern, der zu bedingungsloser Liebe fähig ist, verbunden zu sein. Dieser tiefste Wesenskern ist mit unserer Seele spirituell untrennbar verbunden.

Der Lebensplan jeder Menschenseele im derzeitigen und in vergangenen Leben (falls du an Wiedergeburt glaubst), besteht darin, zu der Quelle bedingungsloser Liebe zurückzufinden, mit welcher wir als spirituelle Wesen einst verbunden waren. Dadurch, dass wir uns von dieser Quelle entfernt haben, entstand die Dualität zwischen immaterieller und materieller Energie; zwischen „Gut" und „Böse", Tag und Nacht, Leben und Tod.

Sich zu erkennen bedeutet, mit seinem innersten Wesen verbunden zu sein und bewusst danach zu streben, bedingungslose Liebe zu erlernen. Es bedeutet auch, sein eigenes Ego anzunehmen, es als einen selbst erschaffenen Teil zu akzeptieren, um es dadurch verändern und in den Dienst seines innersten Wesens stellen zu können.

Im Laufe deines Lebens hast du jedoch seelische Verletzungen durch Ablehnung, Vernachlässigung, Demütigung, Verrat und Ungerechtigkeit erlitten, vor welchen du dich mithilfe deines Egos zu schützen versuchst. Damit du dir dessen bewusst werden und deine Verletzungen heilen kannst, konfrontiert dich das Leben immer wieder mit Menschen und Situationen, die unbewusst genau das in dir berühren, was dir wehtut und wovor du dich selbst zu verstecken versuchst! Dies ist nicht etwa so, weil das Leben grausam wäre, sondern weil es dich darauf aufmerksam machen will, dass du von deinem angstvollen Ego geleitet wirst und dich von deinem tiefsten Wesenskern alles umfassender Liebe entfernt hast.

Wenn du dafür anderen Menschen oder dem Leben die Schuld gibst, bedeutet das, dass du die Verantwortung und damit auch die Macht, die alleine du hast, dir ein glückliches Leben zu erschaffen, anderen übergibst! Dies ist Selbstentmündigung und Wahl, in eine Opferrolle zu flüchten, die wiederum dein Ego und deine hinderlichen Überzeugungen verstärkt. Falls du dich darin wiedererkennst, solltest du dich jedoch nicht dafür verurteilen, sondern deine momentanen Grenzen akzeptieren. Du weißt ja jetzt, dass du nur ändern kannst, was du vorher akzeptiert hast.

Je mehr du fähig wirst, dich wohlwollend zu betrachten, statt dich selbst und andere zu verurteilen, desto mehr wirst du auch zu Selbstliebe und Eigenverantwortung fähig werden. Ein wichtiger Schritt ist, dich genau so anzunehmen, wie du in diesem Moment deines Lebens bist; wissend, dass dies vorübergehend ist.

Wenn du also zu Selbsterkenntnis bereit bist, akzeptiere, dich mit deinem Ego, deinen Gedanken, deinen förderlichen und hinderlichen Überzeugungen, Schuldgefühlen, Schuldzuweisungen, Ängsten und emotionalen Verletzungen auseinanderzusetzen, um dich selbst besser kennen- und anerkennen zu lernen.

Selbstwert –
Du bist wertvoll

Selbstwert ist der Wert, den wir uns selbst geben. Unser eigenes Wertgefühl, welches aus einer bejahenden Einstellung und einem positiven inneren Dialog uns selbst gegenüber entsteht, ist der Ausdruck dessen, was wir von uns selbst glauben, und wie wir uns selbst sehen.

Wie sehr sich ein Mensch wertschätzt, kann an seinen Lebensumständen gemessen werden und an allem, was er dazu getan hat, um glücklich, liebevoll, erfüllt und erfolgreich zu sein.

Die Wurzeln unseres Selbstwertgefühls liegen in unserer Kindheit, und zwar in der Berücksichtigung unserer Bedürfnisse nach Aufmerksamkeit, nach Anerkennung und nach einer geordneten und sicherheitsgebenden Struktur, welche uns in jungen Jahren helfen, in uns selbst zu wachsen und innere Sicherheit zu finden. Positive und anerkennende Aussagen, welche bejahend und liebevoll übermittelt werden, und die Übereinstimmung von Worten und Taten unserer Eltern oder Erziehungspersonen bilden in Zusammenhang mit den drei vorhin genannten Aspekten eine wichtige Basis für den Aufbau unseres Selbstwertgefühls. Weitere ausschlaggebende Aspekte sind die Stellung des Kindes innerhalb der Familie (erstes oder mittleres Kind, Zwillinge, Nesthäkchen, „Nachzügler", gewünschtes oder unerwünschtes Kind, gewünschtes oder ungewünschtes Geschlecht des Kindes), der Einfluss der Geschwister, der Freunde, der Lehrer und Erzieher, sowie die soziale Stellung der Familie in der Gesellschaft, traumatisierende Erlebnisse und gegebenenfalls Schuld zuweisende religiöse Erziehung.

Wusstest du, dass ein Kind in einer „normalen" Familie durchschnittlich siebenundzwanzig Mal öfter gerügt und kritisiert als gelobt und wertgeschätzt wird? Welches Kind hat in seiner Kindheit von seinen Eltern gehört, dass es ein wertvolles Wesen ist, dessen Wert nicht nur davon abhängt, was es tut, sondern vor allem, wer und was es ist? Welche Eltern konnten ihren Kindern sagen und zeigen, wie stolz sie auf sie sind, und größeren Wert auf ihre Qualitäten als auf ihre Fehler legen?

Dies ist keinesfalls eine Anklage, sondern eine Feststellung. Unsere Eltern haben uns meist das mitgegeben, was sie selbst von ihren Eltern bekommen haben. Ohne Arbeit an sich selbst ist es nicht einfach, jemandem etwas mitzugeben, das man selbst nie erhalten hat. So ist es auch für uns nicht selbstverständlich, uns selbst und anderen etwas zu geben, das wir nie erhalten haben. Wenn wir uns jedoch dessen bewusst werden, haben wir die Wahl, selbstverantwortlich unser Selbstwertgefühl aufzubauen, statt unseren Eltern die Schuld an dessen Mangel zu geben. Wenn wir nie „Werterklärungen" bekommen haben, können wir lernen, sie uns selbst zu schenken.

Durch folgende Antworten kannst du dein Grad an Selbstwertgefühl erkennen:

Ich kann mehrheitlich meine Fehler zugeben	zutreffend nicht zutreffend
Ich wage es, auf Unbekannte zuzugehen	zutreffend nicht zutreffend
Ich akzeptiere gerne ein Kompliment	zutreffend nicht zutreffend
Ich gebe mich mehrheitlich, wie ich bin	zutreffend nicht zutreffend
Ich akzeptiere mehrheitlich meine Schwächen	zutreffend nicht zutreffend
Ich kann über meine	
Fähigkeiten & Qualitäten sprechen	zutreffend nicht zutreffend
Ich kann mich über Erfolge	
anderer ehrlich freuen	zutreffend nicht zutreffend
Ich vergleiche mich selten	
selbstabwertend mit anderen	zutreffend nicht zutreffend
Ich fühle mich mehrheitlich	
wohl in meiner Haut	zutreffend nicht zutreffend
Ich akzeptiere mehrheitlich	
andersartige Menschen	zutreffend nicht zutreffend
Ich kann mich selbst behaupten	
und durchsetzen	zutreffend nicht zutreffend
Ich drücke meine Gefühle	
mehrheitlich offen aus	zutreffend nicht zutreffend
Ich erkenne und akzeptiere meine Gefühle	zutreffend nicht zutreffend
Ich kann gut mit mir alleine sein	zutreffend nicht zutreffend
Ich glaube und fühle, dass ich einzigartig bin	zutreffend nicht zutreffend
Ich akzeptiere und liebe mich so, wie ich bin	zutreffend nicht zutreffend

Unterstreiche oder kreuze deine Antworten an. Je öfter deine Antwort „zutreffend" lautet, je höher ist dein Selbstwertgefühl

Aussagen, die du in deiner Kindheit gehört hast

Schreibe hier wertschätzende Worte und Taten auf, die du von deiner Mutter, deinem Vater, von Geschwistern, Freunden oder Erziehern erhalten und erfahren hast

_____

_____

_____

_____

Schreibe hier abwertende Worte und Taten auf, die du von deiner Mutter, deinem Vater, von Geschwistern, Freunden oder Erziehern erhalten und erfahren hast

_____

_____

_____

_____

Wie hast du dich aufgrund dieser abwertenden Worte und Taten gefühlt?

_____

_____

_____

_____

Was denkst und glaubst du heute von dir selbst? Welches Bild hast du von dir?

_____

_____

_____

_____

Je ausschließlicher wir unseren Selbstwert durch unser Haben und Tun definieren, desto mehr machen wir unser Selbstwertgefühl von unseren Besitztümern und unseren Erfolgen (oder Misserfolgen) abhängig. Zudem stehen wir in einem stressbeladenen Wettkampf mit anderen „Konkurrenten", gegen die wir unseren sozialen Rang zu verteidigen haben. Uns mit Menschen zu vergleichen, von welchen wir glauben, sie hätten größere Besitztümer und mehr Kompetenzen kann zum folgeschweren Trugschluss führen, dass sie glücklichere und erfolgreichere Menschen seien als wir. Dadurch fühlen wir uns weniger wertvoll und werten uns selbst ab. Wir vergessen, uns selbst dankbar und anerkennend für das zu sein, was wir uns bisher in unserem Leben erschaffen haben. Wir vergessen auch, wie viele Anstrengungen, Energie, Zeit, Mut und Entschlossenheit wir aufbrachten, um uns das Wissen und die Lebenserfahrung anzueignen, die wir heute besitzen.

Diese Selbstentwertung führt nicht nur zum Verlust unseres Selbstwertgefühls, sondern auch zu einer Verminderung unseres Selbstvertrauens und unserer Selbstliebe. Ist das sinnvoll? Wenn wir uns an die Spiegelresonanz erinnern, verstehen wir, dass andere Menschen uns nur den Wert beimessen können, den wir uns selbst geben. Würden wir einen uns nahestehenden Menschen für wertlos halten, weil er eines seiner Ziele nicht erreichte? Ich glaube, kaum. Wir würden ihm eher helfen, Zuversicht zu fassen und ihn in seinem Glauben an sich selbst bestärken. Wir würden versuchen, ihm seinen eigenen Wert bewusst zu machen, auch wenn das Resultat seiner Taten nicht dem entsprach, das er erhoffte. Wie aber gehen wir mit uns selbst um?

Wenn wir bewusst den Unterschied zwischen Tun und Sein erkennen, dann wird auch in schwierigen Lebenssituationen, wie zum Beispiel beim Verlust eines Arbeitsplatzes, unser Selbstwert nicht mehr in einem allumfänglichen Ausmaße infrage gestellt. Denn dann identifizieren wir uns nicht nur damit, was wir tun, sondern können unabhängig unserer Handlungen und der aus ihnen hervorgegangenen Resultate unsere Herzensqualitäten anerkennen, die den wertvollen Menschen ausmachen, der wir in jeder Lebenslage sind. Warum fühlen wir uns trotzdem oft minderwertig? Warum sind wir oft uns selbst gegenüber hart, unverzeihlich und voller Selbstvorwürfe? Weil wir immer noch meinen, uns durch Selbstanklage ändern zu können, weil wir Schuldgefühle empfinden und unbewusst glauben, dass wir durch Selbstbestrafung unsere „Schuld" bezahlen können. Ist das sinnvoll?

Wie kannst du
dein Selbstwertgefühl steigern?

☆ Werde dir deines Mangels an Selbstwertgefühl bewusst und akzeptiere, dass du heute alleine die Macht, die Möglichkeit und die Freiheit hast, dies zu ändern.

☆ Werde dir bewusst, dass du nicht länger zu glauben brauchst, was du in deiner Kindheit bezüglich deines eigenen Wertes gehört hast. Du kannst deine Überzeugungen über dich selbst ändern und dich dazu entscheiden, dich wertvoll zu finden. Du brauchst nicht ein Leben lang aus falsch verstandener Loyalität deinen Eltern und deiner Familie gegenüber an Überzeugungen zu glauben, die dich in der Entwicklung deines Selbstwertgefühls behindern. Du hast das Recht, den Wert zu haben, den du dir selbst gibst.

☆ Werde dir deines inneren Dialoges bewusst, indem du der Stimme in deinem Kopf aufmerksam zuhörst, die fast ununterbrochen zu dir spricht, ohne dass du dir dessen bewusst bist. Wie spricht sie zu dir? Wie ist ihr Tonfall? Spricht deine innere Stimme oft kritisierend, verurteilend und negativ zu dir und über andere Menschen? Hörst du vielleicht deine Mutter oder deinen Vater durch sie sprechen? Wenn du dir bewusst zuhörst, wie du mit dir selbst redest, werden dir damit deine Gedankengänge offenbart. Du hast die Freiheit, Gedanken „umzuformulieren", indem du zuerst akzeptierst, wie und was du soeben gedacht hast, um dann neue, für dein Selbstwertgefühl sinnvollere Gedanken zu erschaffen. Wenn du etwas Abwertendes über dich selbst denkst, dann formuliere den Gedanken neu und positivere ihn. Trenne dabei „Sein" von „Tun", was bedeutet, dich oder andere nicht anzuklagen, etwas Negatives zu sein. Sätze wie: „Ich bin dumm, ich bin unnütz, ich bin wertlos" sollten für immer aus deinem Sprachgebrauch gestrichen werden, denn durch die Konjugation des Verbs „Sein" gefolgt von negativen Aussagen wertest du dich selbst ab. Nützlicher ist es, dir zu sagen: „Was ich gerade gedacht und gesagt habe, ist selbstabwertend. Ich werde diesen Gedanken und diese Worte noch einmal neu und selbstbejahend formulieren."

☆ Wähle eine Interpretation der Feststellung und nicht der Anklage. Jede Erfahrung kann bereichernd sein, wenn du durch sie mehr über dich selbst gelernt hast. Unterscheide den Wert des Tuns von demjenigen des Seins und entwickle die Fähigkeit, dein eigener, wohlwollender Beobachter zu werden.

☆ Werde dir deines Wertes, deiner Bedeutung, deiner Bedürfnisse und Ziele bewusst, um dich darin selbst respektieren zu können. Empfinde mehr Mitgefühl für dich und andere Menschen, indem du weniger kritisierst und mehr lobst. Wenn du ein ehrliches Kompliment von anderen Menschen nicht annehmen kannst, heißt das, dass du glaubst, dessen nicht Wert zu sein. Damit entwertest du dich selbst aus Mangel an Selbstachtung und Selbstliebe. Lerne, dir selbst und anderen ehrliche Komplimente zu machen und diese auch anzunehmen.

☆ Lass den Tag mit einer Retrospektive, ausklingen. Stelle dir nochmals alle Situationen vor, in denen du mit dir selbst zufrieden warst. Schenke dir selbst anerkennende Komplimente und lobe dich für jede deiner eingesetzten Fähigkeiten und Qualitäten. Dadurch entwickelst du auch mehr Selbstanerkennung, indem du dir bewusst wirst, wer du bist und was du im Leben schon alles geleistet hast! Sei stolz auf das, was du bist, und anerkenne deine Herzensqualitäten! Diese Art von Stolz hat nichts mit Überheblichkeit zu tun. Anerkennender Stolz ist das Gegenteil von Scham und bedeutet, rechtmäßige Zufriedenheit mit sich selbst zu empfinden, ohne sich über andere Menschen stellen zu wollen oder zu glauben, besser als andere zu sein. Anerkennender Stolz vergleicht nicht, er wertet niemanden ab, sondern trägt zu Selbstachtung, Selbstwertgefühl und Selbstliebe bei.

☆ Entscheide dich, dein Selbstbild positiv zu verändern und versuche, dir Dankbarkeit und Anerkennung entgegenzubringen. Unter Selbstbild verstehen wir, was wir von uns glauben, sagen, denken und wie wir uns selbst sehen. Unser Selbstwertgefühl steht in direktem Zusammenhang mit unserem Selbstbild.

Nimm dir nun Zeit, aufzuschreiben, was dir an dir selbst gefällt; an deinem Körper, deiner Denkweise, deiner Lebenseinstellung, deiner Befähigung, Gefühle auszudrücken, deinen Fähigkeiten und Qualitäten.

_____

_____

_____

_____

_____

_____

_____

_____

Wäre es dir leichter gefallen wäre, damit zu beginnen, was dir an dir nicht gefällt? Hier ist die Gelegenheit dazu.

_____

_____

_____

_____

_____

_____

_____

Nun wirst du feststellen, ob du mehr an dir kritisierst (nicht akzeptierst) als du an dir wertschätzest. Versuche, jedes abwertende Urteil, so positiv wie momentan möglich, schriftlich umzuformulieren und dir für jeden positiven Aspekt, den du dir zugesprochen hast, hörbar ein liebevolles Kompliment auszusprechen. Wenn du das mit offenem Herzen tun kannst, spürst du in dir eine Energie, die dich mit Wärme und Liebe für dich selbst erfüllt.

Selbstachtung –
Du bist achtungswürdig

Selbstachtung erwächst aus bewusster Anerkennung der Vielschichtigkeit und des inneren Reichtums unseres Wesens, dem Bewusstsein unseres Wertes und dem Respekt, den wir uns entgegenbringen. Selbstachtung bedingt Selbsterkenntnis, denn nur wer sich selbst kennt, kann sich auch er-kennend und an-er-kennend achten.

Selbstachtung bedeutet ebenfalls Achtsamkeit uns selbst gegenüber. Diese Achtsamkeit beginnt mit der Qualität der Nahrung, die wir zu uns nehmen; wie wir mit unserem physischen Körper umgehen, wie wir ihn nähren, stärken und gesund erhalten. Dieselbe Achtsamkeit gilt bezüglich der Qualität unserer Gedanken, mit welchen wir unseren Mentalkörper nähren, sowie der Qualität unserer Gefühle, mit welchen wir unseren Emotionalkörper lebendig und lebensfreudig erhalten.

Achtsam zu sein bedeutet auch, gegenüber allem Leben Achtung zu empfinden und ihm dankbar zu sein, dass es uns auf unserem Lebens- und Lernweg mit so viel Weisheit begleitet. Es lässt nichts aus Zufall, sondern alles aus dem Grunde geschehen, uns selbst und andere bedingungslos lieben zu lernen.

Ein Mensch, der sich selbst Achtung und Respekt entgegenbringt, wird sich auch dann nicht abwerten oder beschuldigen, wenn er Misserfolge einstecken muss, denn Selbstanklage ist ein Ausdruck fehlender Achtung und mangelndem Selbstrespekt. Er weiß, dass er alle Arten von Erfahrungen sammeln darf, die nur dann als „Fehler" oder „Fehlentscheidung" betrachtet werden können, wenn er aus dieser Erfahrung nichts Sinnvolles über sich selbst zu lernen bereit ist.

Menschen mit wenig Selbstachtung glauben, sie seien es nicht Wert, ein erfülltes Leben zu führen. Sie glauben, nicht

„gut genug" oder „fähig genug" zu sein, wobei Schuldgefühle und mangelndes Selbstvertrauen mitwirken. Sie werten ihre eigenen Fähigkeiten und Qualitäten ab, denn sie haben ein negatives Selbstbild und eine abwertende Meinung von sich selbst erschaffen.

Meistens sehen sie nur ihre „schlechte" Seite, ihre vermeintliche Unfähigkeit und ihre Fehler, derer sie sich selbst anklagen und verurteilen. Diese innere Haltung blockiert sie nicht nur in der Entwicklung von Selbstachtung, sondern auch von Selbstwertgefühl und Selbstvertrauen. Deshalb entwickeln Menschen mit fehlender Selbstachtung auch oft Abhängigkeiten jeglicher Art. Vor allem emotionale Abhängigkeit entsteht daraus, denn je weniger wir uns selbst lieben und achten, umso mehr suchen und brauchen wir die Anerkennung und Liebe anderer Menschen, was zu „toxischen", ungesunden Beziehungen führen kann. Damit missachtet und wertet sich der betreffende Mensch selbst ab, vielleicht verachtet und hasst er sich sogar.

In diesem Zusammenhang kannst du dir ein Fass vorstellen, welches dein „Liebesreservoir" bedeutet. Der Boden dieses Fasses symbolisiert deine Selbstliebe. Je mehr es dir daran mangelt, desto größere Löcher hat der Boden, und umso schneller leert sich dein Liebesreservoir. Je größer dein Mangel an Selbstliebe und Selbstachtung ist, desto mehr bist du von anderen Menschen abhängig, dein Liebesreservoir wieder aufzufüllen, was aufgrund der Löcher im Boden deines Fasses nur für kurze Dauer möglich ist. Dafür nimmst du alles in Kauf, anstatt dir bewusst zu werden, dass es dir an Liebe zu dir selbst mangelt. Deshalb musst du dein leeres Liebesreservoir ständig an einer „Liebestankstelle" auftanken, von welcher du gänzlich abhängig werden kannst und in die Gefahr läufst, dich selbst und deine Selbstachtung zu verlieren.

Aber wir wissen ja mittlerweile, dass nur wir selbst die Wahl treffen können, unliebsame Zustände zu verändern. Entweder sind wir bereit, unsere mangelnde Liebesfähigkeit zu erkennen und zu akzeptieren, um diese Tatsache verändern zu können; oder wir übergeben unser Leben unseren Ängsten und unserer emotionalen oder physischen Abhängigkeit.

Jeder Mensch trägt ursprünglich einen liebesfähigen Wesenskern in sich, so wie jeder Mensch auch ein unterschiedlich starkes Ego besitzt. Wichtig ist, mehr Energie darauf zu verwenden, seine Liebesfähigkeit zu erhöhen, statt gegen sein Ego anzukämpfen. Gegen etwas zu kämpfen bedeutet, damit nicht einverstanden zu sein und es nicht zu akzeptieren. Wir können nur ändern, was wir akzeptiert haben. Ich wiederhole mich dabei bewusst.

Wir sind, was wir denken.
Wir sind, was wir zu sein glauben!

Die Gedanken, die wir am häufigsten denken,
und die Gefühle, die wir am intensivsten empfinden,
werden zu unserer Wirklichkeit!

Wenn wir uns häufiger für unsere „negativen" Seiten anklagen, statt unsere „positiven" Seiten bewusst anzuerkennen, führen wir derjenigen Seite Energie zu, die wir nicht wollen, um sie dadurch noch zu verstärken. Ist das sinnvoll?

Falls es uns an Anerkennung, Achtung und Respekt von anderen Menschen fehlt, ist es sinnvoll, uns an die Spiegelresonanz zu erinnern und uns zu fragen, ob wir denn anderen Menschen Anerkennung, Achtung und Respekt entgegenbringen. Und uns natürlich die wichtigste Frage stellen, nämlich ob wir uns selbst Anerkennung, Achtung und Respekt entgegenbringen? Durch diese Antwort wird uns bewusst, dass andere Menschen uns nur so viel Anerkennung, Achtung und Respekt entgegenbringen können, wie wir für uns selbst haben. Alles fängt mit und in uns selbst an! Gedankliche und emotionale Energie, die wir in uns gesät haben und ausstrahlen, ernten wir in Form von konkreten Ereignissen.

Es scheint mir in diesem Zusammenhang nützlich, auf die Dualität von Begriffen wie „Gut oder Positiv" und „Böse oder Negativ" einzugehen. „Gut oder Positiv" und „Böse oder Negativ" sind zwei verschiedene Aspekte derselben Energie. Das eine kann ohne das andere auf der materiellen Energieebene nicht existieren. Wenn wir an „Gutes oder Positives" glauben, glauben wir auch an das gegenteilige „Böse oder Negative". „Gut oder Positiv" und „Böse oder Negativ" entspringt einer mentalen Konzeption des Menschen und ist hiermit an die materielle, nicht aber an die spirituelle Welt gebunden.

Deshalb benutze ich oft das Wort „sinnvoll", denn ich halte es für nützlicher, über den Sinn oder den Nicht-Sinn, der sich für die persönliche und spirituelle Entwicklung eines Menschen ergibt, nachzudenken und anhand der daraus resultierenden Schlussfolgerung zu leben, als sich in moralischen und subjektiven Begriffen zu verfangen.

Um Selbstachtung aufzubauen ist es ebenfalls sinnvoll, uns unserer Wünsche, Bedürfnisse und Ziele bewusst zu werden, um sie respektieren und mittels unseres Potenzials in die Tat umsetzen zu können. Unser Emotionalkörper ist dann erfüllt, wenn er mindestens ein kurzfristiges, mittelfristiges und langfristiges Ziel hat, das uns motiviert und dessen Erreichung zu unserem Lebenssinn beiträgt. Zu diesem Thema werden wir im weiteren Verlaufe noch kommen.

Selbstvertrauen –
Traue dich, du selbst zu sein

Zu den sieben grundlegenden emotionalen Bedürfnissen des Menschen gehören:

☆ Selbstvertrauen
☆ Selbsterkenntnis
☆ Selbstachtung
☆ ein positives Selbstbild
☆ Selbstwertgefühl
☆ Selbstsicherheit
☆ Lebensfreude

Selbstvertrauen entsteht aus der Fähigkeit, auf seine Qualitäten und Fähigkeiten stolz zu sein, aber ebenfalls seine Ängste, Fehler und Schwächen annehmen zu können. Selbstvertrauen entsteht aus dem Mut, sich selbst zu sein, und befähigt einen Menschen seine Stärken und Schwächen nicht nur vor sich selbst, sondern auch vor anderen Menschen zuzugeben und sich anderen so zu zeigen, wie er wirklich ist.

Ein Mensch, der Selbstvertrauen besitzt, akzeptiert seine Lebenserfahrungen und lässt sich durch Rückschläge nicht langfristig entmutigen, da er weiß, dass ihn alle Lebenserfahrungen reicher und stärker machen, wenn er bereit ist, aus ihnen zu lernen und an ihnen zu wachsen. Selbstvertrauen birgt in sich auch die Überzeugung, ein Anrecht auf seine Existenz und einen menschenwürdigen Platz im Leben zu haben. Es befähigt, uns den Anforderungen des Lebens zu stellen, wenn sie an uns herantreten, ohne alles im Voraus kontrollieren zu wollen. Ein Mensch mit Selbstvertrauen weiß, dass er ein Potenzial besitzt, auf das er auch in unvorhergesehenen Lebensumständen zurückgreifen kann, welches ihm ein Gefühl innerer Sicherheit gibt. Selbstvertrauen hat auch mit Mut zu tun, seine Ängste überwinden zu können und ist das Heilmittel jeglicher Angst.

Stell dir vor, du willst mit dem Auto an ein entferntes Urlaubsziel fahren. Fährst du nur dann los, wenn du sicher bist, dass alle Ampeln während der gesamten Strecke auf Grün stehen? Natürlich nicht, denn du weißt, dass es unmöglich ist, alles vorauszusehen. Indem du akzeptierst, nicht alles kontrollieren zu können, und deinem innersten Wesen vertraust, dass es dich auch in schwierigen Situationen eine Lösung finden lässt, kannst du von vielen Ängsten loslassen.

Selbstvertrauen bedeutet nicht die Abwesenheit von Angst, sondern den Mut zu haben, sich ihr zu stellen und zu lernen, über sie hinauszuwachsen.

Man kann nicht zu viel wirkliches Selbstvertrauen haben, so wie man auch nicht zu viel Gesundheit haben kann. Wenn wir von jemandem sprechen, von dem wir glauben, er oder sie habe zu viel Selbstvertrauen, dann meinen wir damit eher ein übersteigertes Ego, durch das die betreffende Person ihre Qualitäten und Fähigkeiten überschätzt, um sich einen Pseudo-Schutz aufzubauen. Diese Person hat mit diesem vermeintlichen Schutz die Absicht, ihre inneren Ängste zu verbergen, was auf einen Mangel an Selbstvertrauen schließen lässt. Wiederum unterschätzen andere Menschen mit zu geringem Selbstvertrauen ihre Qualitäten und ihre Fähigkeiten und lassen sich von ihren Ängsten, Schwächen und Fehlern entmutigen. Ob sich nun jemand überschätzt oder unterschätzt, in beiden Fällen leidet dieser Mensch unter einem Mangel an Selbstvertrauen und vergleicht sich mit anderen, um sich über oder unter sie zu stellen.

Niemand hat die Macht, dich abzuwerten, wenn du damit nicht einverstanden bist!

Eine Person, die an mangelndem Selbstvertrauen leidet, glaubt oft, dass sie zu wenig intellektuelles Wissen habe. Sie unterschätzt damit ihren eigenen Wert, da sie ihre Qualitäten nicht genügend anerkennt. Menschen mit mangelndem Selbstvertrauen machen sich deshalb oft von der Meinung anderer abhängig, weil sie glauben, die anderen wüssten und könnten vieles besser als sie selbst, da sie mehr Wissen besäßen.

Die Grundlagen unseres Selbstvertrauens liegen in den Äußerungen und Leitsätzen, welche uns unsere Eltern vermittelt haben, in den Menschen, die uns in dieser Beziehung als Modelle galten, in unserer eigenen Lebenserfahrung und deren Wahrnehmung und vom Grad des Selbstvertrauens, das wir in uns selbst aufgebaut haben.

Die Charakterzüge eines Menschen, der Selbstvertrauen hat, zeigen sich unter anderem darin, dass er:

☆ seine Qualitäten und Fähigkeiten anerkennt
☆ seine Ängste, Fehler und Schwächen akzeptiert
☆ seine Bedürfnisse kennt und sie wohlwollend zu gelten machen weiß
☆ sich selbst so annimmt, wie er ist
☆ sich sprachlich gewandt ausdrücken kann
☆ ein Projekt zu Ende führt
☆ loslassen kann, wenn etwas nicht mehr seinem Bedürfnis entspringt
☆ fähig ist, seine Meinung zu ändern
☆ die Verantwortung für sich und sein Wohlergehen selbst trägt
☆ eine angenehme und klare Stimme hat
☆ Handlungen zielstrebig und ruhig ausführt
☆ natürlich, spontan und dabei trotzdem überlegt ist
☆ einen direkten und wohlwollenden Blick hat
☆ sich nicht mit anderen vergleicht, um sich oder andere ab-
☆ oder über zu bewerten
☆ in Wort und Tat ausdrückt, was er denkt
☆ mit aufrechtem und entschiedenem Gang geht, ohne zu hasten

- ☆ tolerant und flexibel ist
- ☆ nicht beeinflussbar ist, denn er vertraut auf seine innere Stimme und hört auf seinen inneren Wert
- ☆ fähig ist, um Hilfe zu bitten und zu delegieren
- ☆ sich durch Ratschläge anderer nicht bedroht fühlt
- ☆ ehrliche Komplimente annehmen und schenken kann
- ☆ fähig ist, seine Ängste anzunehmen und sie umzuwandeln
- ☆ fähig ist, konstruktive Kritik anzunehmen und weiterzugeben
- ☆ fähig ist, seine Emotionen und Gefühle zu zeigen
- ☆ Erfahrungen, die nicht das gewünschte Resultat bringen, nicht als Fehler verurteilt, sondern bereit ist, aus ihnen zu lernen.

Um einen Anhaltspunkt für dein eigenes Selbstvertrauen zu bekommen, kannst du folgende Tabelle ausfüllen:

Das von mir geschätzte Vertrauen in Prozenten	10 %	20 %	30 %	40 %	50 %	60 %	70 %	80 %	90 %	100 %
Welches mein Vater in mich hatte										
Welches meine Mutter in mich hatte										
Welches ein Lehrer, Freund oder Familienmitglied in mich hatte										
Welches mein (Ehe) Partner in mich hat										
Das ich in mich selbst habe										
Das ich in meinen (Ehe) Partner habe (oder Freunde)										
Das ich in meine Kinder habe										
Das ich ins Leben habe										

In welchen Bereichen habe ich Selbstvertrauen/einen Mangel an Selbst-
vertrauen:

Ich vertraue mir in diesem Bereich	*Es fehlt mir an Vertrauen in diesem Bereich*

Meine Fähigkeiten (was ich tue)	**Meine Qualitäten** (was ich bin)

Bei Menschen mit ausgeprägtem Selbstvertrauen ist die Liste der Qualitäten mindestens ebenso groß wie diejenige der Fähigkeiten, da sie anerkennen, wer und was sie sind, und ihr Selbstvertrauen nicht nur ausschließlich aus angelernten Fähigkeiten (Tun) besteht.

Ich schlage dir vor, jede deiner Fähigkeiten und Qualitäten auf je einen Selbsthaftzettel zu schreiben. Lege alle Zettel in einen Behälter oder Korb und ziehe jeden Morgen nach dem Aufstehen mit geschlossenen Augen einen davon. Fange damit an, dir vor dem Spiegel laut ein Kompliment für diese Fähigkeit oder Qualität auszusprechen. Beobachte dabei, wie du dich fühlst. Ist es schwierig für dich, dir selbst ein Kompliment zu machen und daran zu glauben, dass du es wert bist? Bitte auch dir nahestehende Personen, dir zu sagen, was sie besonders an dir schätzen, und lerne, ein ehrliches Kompliment anzunehmen und dich darüber zu freuen. Dies stärkt dein Selbstvertrauen und dein Selbstwertgefühl.

Meine Ängste	*Meine Schwächen und Fehler*

Menschen mit Selbstvertrauen sind fähig, ehrlich zu sich selbst und zu anderen zu sein, sich nahestehenden Menschen gegenüber zu öffnen und sie teilhaben zu lassen an dem, was in ihnen vorgeht. Sich zu offenbaren heißt, fähig zu sein, seine Verletzlichkeit und Angst zeigen zu können, ohne zu glauben, deshalb ein schwacher Mensch zu sein. Wenn wir zu unseren Fehlern, Schwächen und Unzulänglichkeiten stehen und sie mitteilen können, wird sich die andere Person auch auftun können. Sie wird sogar erleichtert sein, dass sie nicht den starken, perfekten Übermenschen spielen muss, sondern so akzeptiert wird, wie sie ist. Sich anderen zu offenbaren heißt allerdings nicht, sie mit seinen Problemen zu überfahren, um bemitleidet zu werden. Dies ist eine Verhaltensweise von jemandem, der mit dieser Opferrolle Aufmerksamkeit erregen will.

Ein Mangel an Selbstvertrauen zeigt sich also darin, wie schwer es uns fällt, anderen unsere Ängste, Fehler, Schwächen und Zweifel einzugestehen. Frage dich dabei, was das Schlimmste ist, was dir passieren könnte. Was wäre das Schlimmste, was andere über dich denken oder sagen und von dir glauben könnten? Diese Antwort legt deine größte Angst und hinderliche Überzeugung frei, die dich daran hindert, Selbstvertrauen aufzubauen.

Der erste Schritt, um Selbstvertrauen aufzubauen, besteht darin, unsere Angst zu kennen und sie zu akzeptieren, bevor wir uns ihr stellen und über sie hinauswachsen können. Nicht nur Vertrauen in uns selbst, sondern auch in andere Menschen und in das Leben spielt dabei eine wichtige Rolle.

Das Vertrauen, das wir anderen Menschen schenken, spiegelt grundsätzlich das Vertrauen wieder, das wir in uns selbst und in das Leben haben. Wenn ein Mensch sagt: „Ich vertraue niemandem außer mir selbst", dann ist das kein Zeichen von Selbstvertrauen, sondern Ausdruck seiner emotionalen Verletzungen. Je mehr wir uns von anderen aufgrund unseres Mangels an Vertrauen abwenden, desto mehr leiden wir darunter, denn wir sind alle energetisch miteinander verbunden und brauchen das Gefühl sozialer Zugehörigkeit. Wenn wir uns weismachen, dass wir es bevorzugen, im Leben alleine durchzukommen, sind wir uns selbst gegenüber nicht ehrlich und belügen damit ein Bedürfnis unseres Wesens, das diese Zugehörigkeit sucht. Die zugrunde liegenden hinderlichen Überzeugungen verstärken unsere Ängste vor Ablehnung, Vernachlässigung, Demütigung, Verrat oder Ungerechtigkeit.

Auch aus vermehrten Enttäuschungen können wir etwas lernen, nämlich indem wir uns fragen, wessen wir den anderen anklagen. Wenn wir uns verraten fühlen, ist es sinnvoll, uns zu fragen, ob wir andere Menschen ebenfalls unbewusst verraten haben, indem wir Versprechungen nicht einhielten, sie in der Not verließen und belogen? Und wie steht es uns selbst gegenüber? Haben wir uns selbst „im Stich" gelassen, uns belogen und unser wahres Ich verraten?

Das Leben in der Materie beinhaltet für jeden einen Anfang und ein Ende. Ist unser Leben es deswegen nicht wert, als Geschenk dankbar und erfüllt gelebt zu werden? Wenn wir nie riskieren, Veränderungen in unserem Leben herbeizuführen, leben wir unser Leben auch nicht wirklich, sondern ertragen es mit resignierter Scheinzufriedenheit. Ist diese nicht auch eine Form von Selbstbetrug an unserem schöpferischen Potenzial?

Selbstvertrauen lässt uns den Mut aufbringen, unsere „Komfortzone" zu verlassen, uns durch den erschaffenen Freiraum weiter zu entfalten und über uns hinauswachsen zu können. Sonst lassen wir unser Potenzial ungenutzt und werfen somit unsere Talente, Träume und Lebensziele über Bord eines Schiffes, dessen Kapitän nicht mehr wir selbst sind. Ohne Selbstvertrauen lässt sich unser Lebensschiff nicht in die Richtung lenken, die wir anstreben. Dann gleichen wir eher einer Nussschale, die den Wellen des Lebensmeeres hilflos ausgesetzt ziellos dahintreibt.

Vertrauen in das Leben zu haben, bedeutet Ur-Vertrauen zu fühlen und hat mehr mit Glauben als mit Wissen zu tun. Damit meine ich den Glauben, für etwas offen zu sein, das über uns hinausgeht, wie zum Beispiel Hoffnung oder Liebe. Sich mit etwas Größerem als sich selbst verbunden zu fühlen, stärkt das Ur-Vertrauen, welches auch dann vorhanden ist, wenn wir einmal an uns selbst und an anderen Menschen zweifeln.

Dieses Ur-Vertrauen ist ein wichtiger Bestandteil unseres Selbstvertrauens. Wir können es stärken, indem wir uns der Natur verbunden fühlen und uns für Spiritualität interessieren, die in unserem tiefsten Wesen Resonanz findet. Es hilft uns zu akzeptieren, dass alles im Leben einem höheren Plan folgt, der ausnahmslos für unsere menschliche und spirituelle

Entwicklung wert- und sinnvoll ist. Die Tatsache, dass wir das nicht immer zu erkennen vermögen, ändert daran nichts; ebenso wenig wie die Tatsache, dass die Sonne jeden Tag scheint, auch wenn sie von Wolken verdeckt ist und wir sie nicht sehen können. Ur-Vertrauen und Glauben zu empfinden heißt auch, im tiefsten Innersten zu wissen, dass es immer eine Lösung gibt und dass wir nie alleine sind. Unser tiefster Wesenskern, der mit unserer unsterblichen Seele verbunden ist, erinnert sich daran, dass wir alle vom göttlichen Universum geliebt und beschützt werden. Diesem Wissen und Fühlen können wir uns verbunden fühlen, wenn wir für Spiritualität offen sind und sie in unser tägliches Leben miteinbeziehen.

Vertrauen in uns selbst, in andere Menschen und in das Leben ermöglicht es uns auch, jeden Tag als gegenwärtiges Geschenk zu leben und unsere Pläne und Lebensziele zu verwirklichen. Denn jeder neue Tag gibt uns die Möglichkeit, neu anzufangen, unsere Liebesfähigkeit zu verbessern und dem Leben ein Lächeln zu schenken. Und wir wissen ja, dass das, was wir dem Leben schenken, vom Leben zu uns zurückkommt! Gestärkt durch dieses positive Lebensgefühl können wir dann mutig loslassen, uns auf unsere innere Führung vertrauensvoll verlassen und uns voll und ganz auf unser Leben einlassen!

Positive Leitsätze, sogenannte Affirmationen, können dabei unterstützend wirken. Eine Affirmation kann aus einem oder mehreren Sätzen bestehen, die so oft wie möglich wiederholt werden, um den Mental- und Emotionalkörper positiv zu beeinflussen und bereichernd zu „programmieren". Wichtig dabei ist, dass ein Leitsatz immer in der Gegenwart formuliert wird, was den Glauben an seine Verwirklichung erhöht; und dass er in affirmativer Form ausdrückt, was man will (und nicht, was man nicht will!).

Damit eine Affirmation wirksam wird, ist es von Bedeutung, dass sie nicht einfach „daher gesagt" wird, sondern dass wir uns dabei vorstellen, dass das, was wir haben, tun oder sein wollen, bereits Wirklichkeit ist! Wir können dabei das positive Gefühl intensiv in uns spüren (Vertrauen, Freude, Glück, innere Ruhe, Harmonie). Je häufiger wir einen Leitsatz überzeugt aussprechen und je intensiver die gefühlsmäßige Energie dabei ist, desto stärker ist ihre Vibration, die dazu beiträgt, den gewünschten Zustand zu konkretisieren.

Lies nun laut unten stehende Affirmation und fühle, was jeder einzelne Satz in dir auslöst. Versuche, jede Empfindung zuzulassen und zu spüren.

☆ *Ich bin stolz auf mich und ich danke mir selbst, dass ich Fähigkeiten und Qualitäten erworben habe, die mich dabei unterstützen, meine Ziele zu erreichen. Ich vertraue mir selbst, ich vertraue auf die wohlwollende Hilfe anderer Menschen, ich vertraue meinem innersten tiefsten Wesen, das meine Wünsche und Bedürfnisse kennt; und ich vertraue dem Leben, das mich immer zu meinem Besten führt.*

☆ *Im ganzen Universum gibt es keinen anderen Menschen, der genauso ist wie ich. Ich bin ich, und alles, was ich bin, ist einzigartig.*

☆ *Ich akzeptiere Selbstverantwortung. Ich verfüge über alles in mir selbst, um mir mit Freude ein glückliches und erfülltes Leben aufzubauen.*

☆ *Ich kann entscheiden, mir und anderen mein Bestes zu geben, mich und andere lieben zu lernen, mich zu entwickeln und meinem Leben einen harmonischen, glückserfüllten Sinn zu geben.*

☆ *Ich bin es wert, akzeptiert und geliebt zu werden, genau so, wie ich in diesem Moment bin.*

☆ *Ich danke diesem neuen Tag, und ich weiß, dass alles, was heute geschieht, zu meinem Besten ist. Ich fühle mich an jedem Tag meines Lebens beschützt, behütet und geliebt.*

☆ *Ich, (sage deinen Namen) begegne (sage deinen Namen) einer brillanten Frau oder einem brillanten Mann. Sage deinen Namen, du hast viele Wünsche, Ziele und kreative Ideen. Also mache sie zu deiner Wirklichkeit, in allen Bereichen, die für dich wichtig sind. Du bist dazu fähig und sehr talentiert, also glaube an dich, deinen Erfolg und an dein Wohlergehen in allen Belangen. Sage deinen Namen", du trägst alle Energie und Kraft in dir, die dir bei der Verwirklichung deiner Träume und Ziele hilft. Nichts kann dich dabei aufhalten, deine innere Kraft überwiegt alle Zweifel und Ausreden. Du bist begeisterungsfähig, drücke deine Begeisterung aus! Du bist gesund, voller positiver Lebensenergie und du fühlst dich gut. Sorge dafür, dich je länger je besser zu fühlen. Sage deinen Namen, du bist eine außergewöhnliche Frau oder ein außergewöhnlicher Mann, und das wirst du immer sein. „Geh vorwärts, vertraue dir und verwirkliche deine Träume, Wünsche und Ziele"! Ich glaube an dich!*

Ich schlage dir nun vor, eigene Affirmationen oder Leitsätze zu erschaffen und sie dir täglich so oft wie möglich, idealerweise laut, vorzusagen:

_____

_____

_____

_____

_____

_____

_____

_____

_____

Nur Mut, versuche es, auch wenn es dir zu Beginn befremdend vorkommt! Würden wir zu solchen „Selbstanerkennungs-übungen" schon als Kind von unseren Eltern oder Lehrern ermutigt, würden viele Erwachsene über ein positiveres Selbstbild und somit über einen wichtigen Grundstein zu Selbstverwirklichung verfügen!

Die wesentlichen Schritte, um Selbstvertrauen aufzubauen

☆ Ich beginne den Tag damit, mich zu fragen: „Was will ich heute haben, tun und sein?"

☆ Ich frage mich, was mich daran hindern könnte. Was wäre das Schlimmste, das mir passieren könnte? Die Antwort macht mir meine Angst deutlich, die mich daran hindert, das zu haben, zu tun und zu sein, was ich will.

☆ Ich akzeptiere diese Angst im Wissen, dass mein Ego sie als Pseudo-Schutz vor emotionalen Verletzungen erschaffen hat, dass ich aber die Wahl habe, mich dieser Angst zu stellen, um sie überwinden zu können. Ich gebe mir das Recht, Ängste, Schwächen und Grenzen zu haben, da ich weiß, dass sie vorübergehend sind.

☆ Ich erstelle eine Liste meiner Fähigkeiten (Tun) und meiner Qualitäten (Sein), anerkenne sie und bin stolz auf mich. Ich verspreche mir selbst, sie so oft wie möglich anzuwenden.

☆ Ich beginne jeden Tag mit einem positiven Leitsatz. Die gedankliche und emotionale Energie, die dadurch erschaffen wird, zieht das, was ich mir wünsche, an.

☆ Ich schreibe jede meiner Qualitäten auf eine Haftnotiz. Jeder Satz beginnt mit: „Ich bin …", gefolgt von einem Adjektiv, zum Beispiel: „Ich bin intelligent." Ich gebe alle Haftnotizen in einen Korb und ziehe jeden Morgen mit geschlossenen Augen eine davon. Ich klebe sie auf den Spiegel des Badezimmers, schaue mir dabei in die Augen, sage: „Mein Vorname", ich bin stolz auf mich. Ich bin (nenne die Qualität), und dafür liebe ich mich!"

☆ Ich lasse gezielte Handlungen folgen, ohne auf die perfekte Gelegenheit zu warten. Ich behalte mein Ziel im Auge und lasse vertrauensvoll los, ohne mich in das Resultat zu verbeißen!

- ☆ Ich lerne, um Hilfe und Unterstützung zu bitten.
- ☆ Ich wage es, mich nahestehenden Menschen so zu zeigen, wie ich bin, und über meine Fähigkeiten und Qualitäten sowie über meine Ängste, Schwächen und Fehler zu sprechen.
- ☆ Ich lerne „Nein" zu sagen, wenn etwas nicht meinem Bedürfnis entspricht. Mit diesem „Nein" lehne ich niemanden ab, sondern ich handle aus Selbstachtung. Das schließt jedoch nicht aus, dass ich die Wahl habe, bewusst Kompromisse einzugehen, wenn ich mich dazu entscheide. Falls ich es nicht wage, „Nein" zu sagen, frage ich mich, was das Schlimmste ist, das mir passieren würde, falls ich es täte, um mir mit der Antwort auf diese Frage meiner größten Angst bewusst zu werden.
- ☆ Ich lasse meinen Tag vor dem Schlafengehen in einer Innenschau an mir vorbeiziehen, und ich gratuliere mir für alle Situationen, in denen ich Selbstvertrauen gezeigt habe. Dabei kann ich die Anerkennung, die ich mir selbst schenke, in meinem Herzen fühlen.
- ☆ Ich versuche, mich selbst vorbehaltlos zu akzeptieren, und stärke den Glauben, dass jeder neue Tag mir hilft, meine Ängste zu überwinden und mehr Selbstvertrauen aufzubauen.
- ☆ Ich erschaffe mir positive Leitsätze, die mein Selbstvertrauen stärken, und ich wende sie so oft wie möglich an, indem ich sie mit gedanklicher und gefühlsmäßiger Intensität nähre.

Heile deine emotionalen Verletzungen

Grundsätzlich basieren alle emotionalen Verletzungen auf folgenden fünf Seelenwunden:

Ablehnung/Zurückweisung	Zusammenhang mit gleich geschlechtlichem Elternteil
Vernachlässigung/Verlassen werden	Zusammenhang mit anders geschlechtlichem Elternteil
Demütigung/Erniedrigung	Zusammenhang mit Mutter oder Erziehungsperson
Verrat/Vertrauensbruch/Untreue	Zusammenhang mit anders geschlechtlichem Elternteil
Ungerechtigkeit	Zusammenhang mit gleich geschlechtlichem Elternteil

Alle fünf Seelenwunden können im physischen Körper erkannt werden. Ich möchte in diesem Zusammenhang auf das Buch „Heile die Wunden deiner Seele"[1] der kanadischen Bestsellerautorin Lise Bourbeau hinweisen, welches auf dieses Thema ausführlich eingeht und das ich äußerst empfehlen kann.

Eine Lebenssituation,
wenn auch in unterschiedlicher Form,
kehrt so lange wieder,
und eine Seelenwunde bleibt so lange unverheilt,
bis die Erfahrung, die sie ausgelöst hat,
völlig akzeptiert und durch
bedingungslose Liebe verziehen wird!

Jeder Mensch erlebt im Laufe seines Lebens mehrere dieser Seelenwunden oder Seelenverletzungen. Sie werden durch die ersten schmerzhaften Lebenserfahrungen reaktiviert, welche durch unsere Eltern oder Erziehungspersonen ausgelöst werden.

Ich benutze deshalb das Wort „reaktiviert", weil ich glaube, dass eine Seele vor seiner Wiedergeburt seine Familie und die damit verbundenen Lebensumstände mitwirkend anzieht, um genau durch diese Erfahrungen lernen zu können, sich persönlich und spirituell weiterzuentwickeln.

Das bedeutet jedoch nicht, dass unsere Eltern oder andere Menschen dafür verantwortlich oder schuld sind. Es gehört zum spirituellen Lebensplan jedes Menschen, seiner Seelenwunden bewusst zu werden, um sie selbstverantwortlich durch wahrhafte Liebe und Verzeihen heilen zu können.

Wenn wir unsere Familie und im weiteren Verlaufe unseres Lebens Menschen anziehen, die unsere Seelenverletzungen aktivieren, dann geschieht dies deshalb, weil uns das Leben die Möglichkeit geben will, diese Verletzungen zu heilen. Diese Heilung kann nur durch bedingungslose Liebe geschehen, indem wir uns selbst und den Menschen, die uns als Spiegel dienen, zu verzeihen bereit sind. Deshalb zieht eine Seele in vielen Fällen Eltern an, die an denselben Verletzungen leiden wie sie selbst; und deshalb ziehen Eltern eine Seele an, durch welche sie sich selbst ihrer eigenen Verletzungen bewusst werden können.

Wenn wir uns von anderen Menschen verletzt fühlen, dann deshalb, weil uns durch diese Menschen gezeigt wird, dass wir eine schmerzvolle Erfahrung in uns tragen, welche wir noch nicht akzeptiert und verziehen haben; und welche der andere Mensch meist unbewusst durch die Spiegelresonanz reaktiviert, damit wir uns dessen bewusst werden können. Wenn wir an das Beispiel der Verletzung an der Innenfläche der Hand zurückdenken, wird uns klar, dass andere Menschen uns meist genau unbewusst da wehtun, wo wir selbst schon eine unverheilte Verletzung haben.

Es ist interessant festzustellen, dass diese Person meist dasselbe Geschlecht wie der Elternteil hat, durch welchen diese Verletzung erstmals zutage kam. So zeigen uns zwischenmenschliche Probleme durch die Spiegelresonanz, dass wir den betreffenden Elternteil noch nicht vollständig akzeptiert und ihm noch nicht verziehen haben.

Das, was andere Menschen uns unbewusst oder bewusst antun, widerspiegelt, was wir in den meisten Fällen unbewusst oder bewusst uns selbst und anderen antun oder/und – falls wir an Wiedergeburt glauben – in vergangenen Leben angetan haben. Dies soll jedoch nicht lähmende Schuldgefühle in uns auslösen, sondern uns erkennen lassen, dass wir immer ernten, was wir gesät haben – und die freie Wahl unserer Saat immer uns selbst gehört. Falls andere Menschen uns mit Absicht verletzen, zeigt die Spiegelresonanz, dass auch wir andere Menschen oder uns selbst absichtlich verletzen, das heißt ablehnen, vernachlässigen, erniedrigen, verraten oder ungerecht behandeln. Je tiefer die Wunde ist, desto schwerwiegendere Umstände wird das Leben an uns herantragen, um uns ihrer bewusst zu werden, bis wir sie zu heilen bereit sind.

Es ist auch wichtig zu erkennen, dass es nicht die Tatsachen und konkreten Geschehnisse sind, die ausschlaggebend dafür sind, wie wir uns fühlen. Unsere emotionale Reaktion entsteht daraus, wie wir mit diesen Tatsachen aufgrund unserer Überzeugungen umgehen und welche Bedeutung wir ihnen zuordnen, was wiederum mit unseren seelischen Verletzungen zusammenhängt. Nicht die Erfahrung alleine, sondern vor allem die Art und Weise, wie wir sie deuten, ist ausschlaggebend für unser Empfinden.

Nehmen wir im folgenden Beispiel an, ein Ehemann käme um zehn Uhr abends nach Hause. Je nachdem, welche seelische Verletzung seine Ehefrau hat, würde sie dieser Tatsache eine andere Bedeutung beimessen und sie anders interpretieren.

Eine Frau, die eine Verletzung der Ablehnung hat, könnte denken: „Ich bin nicht wichtig für meinen Mann, ich bedeute nichts für ihn, ich existiere gar nicht für ihn." Und sie würde sich zurückgewiesen und nichtig fühlen.

Eine Frau, die eine Verletzung der Vernachlässigung hat, könnte selbstbedauernd denken: „Ich arme Ehefrau. Mein

Mann lässt mich ganz alleine, dabei weiß er doch, wie sehr ich ihn brauche." Und sie würde sich verlassen, einsam und vernachlässigt fühlen.

Eine Frau, die eine Verletzung der Demütigung hat, könnte denken: „Nach all dem, was ich auf Kosten meiner eigenen Freiheit für ihn tue, könnte er wenigstens den Respekt haben, pünktlich zu Hause zu sein." Und sie würde sich erniedrigt und herabgewürdigt fühlen.

Eine Frau, die eine Verletzung des Verrates hat, würde denken: „Wer beweist mir denn, dass er wirklich so lange arbeiten musste und sich nicht mit einer anderen Frau vergnügt? Ich zweifle an seiner Treue, sicherlich belügt er mich, ich vertraue ihm nicht mehr und werde ihn in Zukunft kontrollieren." Und sie würde sich verraten und in ihrem Vertrauen missbraucht fühlen.

Eine Frau, die eine Verletzung der Ungerechtigkeit hat, würde denken: „Es ist nicht richtig von ihm, dass er schon wieder Überstunden macht, das ist ungerecht und unkorrekt mir gegenüber." Und sie würde sich ungerecht behandelt fühlen.

Dieses Beispiel zeigt, dass dieselbe Tatsache bei Menschen mit unterschiedlichen Seelenwunden auch unterschiedliche Emotionen und Interpretationen hervorruft. Dies erklärt ebenfalls, warum Geschwister aufgrund ihrer verschiedenen Seelenverletzungen ihre Eltern verschiedenartig wahrnehmen.

Unser Ego hingegen will diese Verletzungen nicht wahrhaben; es will nicht, dass wir uns ihrer bewusst werden, denn es glaubt, uns vor seelischem Leid schützen zu können. So entwickelt unser Ego zu jeder Verletzung eine „Maske" oder einen Verband. Diese „Pseudoschutz-Masken" halten uns jedoch davon ab, unsere Seelenwunden anerkennen und heilen zu können. Unser Ego sollte unser Diener sein, der im Dienste unseres wahren Selbst stehen sollte. Wenn wir uns jedoch entschließen, Masken zu tragen, lassen wir unseren Diener entscheiden, was er für uns, seinen Meister, das Beste hält, das aber nicht dem Bedürfnis unseres tiefsten Wesens nach Liebe, Frieden und Harmonie entspricht. Nur wenn wir den Mut haben, unsere Masken abzulegen, können wir unsere seelischen Verletzungen wirklich zu heilen beginnen. Dies bedingt jedoch, dass wir bereit sind, die Wunde bewusst anzuerkennen und anzuschauen. Dieser Moment kann tatsächlich schmerzhaft sein, denn er konfrontiert uns mit alledem, was wir zu verdrängen versucht haben; aber er ist ein notwendiger und unerlässlicher Schritt zur Selbstheilung.

Zur Verletzung der Ablehnung gehört die Maske des Flüchtenden

Menschen, die unter Zurückweisung leiden, fliehen oft aus Situationen oder vor sich selbst, denn sie haben panische Angst davor, zurückgewiesen zu werden. Sie können lernen, ihren Platz einzunehmen und nicht mehr zu flüchten, sondern sich der Situation zu stellen.

Zur Verletzung der Vernachlässigung gehört die Maske des Abhängigen

Menschen, die unter Vernachlässigung leiden, erschaffen sich oft eine Opferrolle und verschiedene Formen von Abhängigkeiten, denn ihre größte Angst ist die Einsamkeit. Sie können lernen, sich selbst zu unterstützen, sich auch alleine gut zu fühlen und sich selbst Aufmerksamkeit zu schenken.

Zur Verletzung der Demütigung gehört die Maske der Unterwerfung (körperlicher und/oder seelischer Masochismus)

Menschen, die unter Erniedrigung leiden, empfinden oft Scham und kümmern sich mehr um andere Menschen als um sich selbst, wobei sie ihre eigenen Bedürfnisse nicht respektieren. Sie tun dies, um als „gute", altruistische Menschen zu gelten, und berauben sich so selbst ihrer eigenen Freiheit, vor welcher sie aber gleichzeitig Angst haben. Sie können lernen, sich und ihre eigenen Bedürfnisse zu respektieren, sich weniger Verantwortung für andere aufzuladen, andere um Hilfe zu bitten und ihr Selbstwertgefühl zu steigern.

Zur Verletzung des Verrates gehört die Maske des Kontrollierenden

Menschen, die unter Verrat leiden, werden oft zu autoritären, rechthaberischen „Kontrollfreaks". Sie delegieren selten, da sie anderen misstrauen, „verschönern" gerne die Wahrheit, was sie bei anderen Menschen „lügen" nennen, und ihre größte Angst ist die Angst vor Trennung und Nicht-Anerkennung. Sie können lernen, loszulassen, toleranter und weniger anspruchsvoll anderen Menschen gegenüber zu werden und ihnen mehr Vertrauen entgegenzubringen.

Zur Verletzung der Ungerechtigkeit gehört die Maske der Starrheit/Sturheit

Menschen, die unter Ungerechtigkeit leiden, können stur, steif und unflexibel sein, sie teilen die Welt in Gegensätze ein, wie zum Beispiel „gut" und „böse" oder „richtig" und „falsch". Sie haben sich durch ihre meist große Sensibilität von ihren eigenen Gefühlen abgeschnitten, was sie manchmal als kalt und unnahbar erscheinen lässt. Ihre größte Angst ist, selbst als kalte, gefühlslose und nicht perfekte Menschen zu gelten. Sie können lernen, sich selbst gegenüber toleranter zu sein, weniger nach Perfektionismus als nach Echtheit zu streben und ihre Gefühle zu zeigen.

Es ist sinnvoll, die Spiegelresonanz zu benützen, um sich bewusst zu werden, wie wir uns innerlich fühlen, wenn wir uns von anderen verletzt fühlen. Wir werden dabei feststellen, dass alle unsere menschlichen Emotionen mit diesen fünf Seelenverletzungen verbunden sind. Die Frage, die wir uns dazu stellen können, ist: „Welche Emotion wird in mir ausgelöst? Und wie fühle ich mich durch das Empfinden dieser Emotion? Auf welche der fünf Seelenwunden lässt sie sich zurückführen?"

Zudem ist es hilfreich zu erkennen, dass auch wir andere Menschen und uns selbst bewusst oder unbewusst verletzt haben, und dies als Teil unseres Selbst annehmen können. Die Tatsache, dass wir das bewusst akzeptieren, bringt uns der Selbstliebe ein wesentliches Stück näher.

Schritte, um emotionale Verletzungen zu heilen

1. **Erkenne und gestehe dir selbst ein, welche emotionalen Verletzungen du durch deine Eltern erfahren hast.** Gib dir das Recht, anklagend, verbittert oder wütend über deine Eltern und von ihrer Vorbildrolle enttäuscht gewesen – oder immer noch – zu sein. Vielleicht gab es sogar Momente, in denen du Hass empfunden hast. Das macht aus dir keinen „schlechten" Menschen. Erinnere dich, dass Hass ein leidensvoller Ausdruck eines nicht erfüllten Liebesbedürfnisses ist. Erinnere dich auch daran, dass es hier nicht darum geht, deine Eltern für deine Emotionen verantwortlich zu machen oder ihnen Schuld zuzuweisen, sondern darum, was du empfunden hast, damit du diese Emotionen aus deinem Emotionalkörper freisetzen kannst.

2. **Drücke deine Emotionen aus** Nur wenn du deine Emotionen zulässt, kannst du sie freisetzen und loslassen, was einer „Entgiftungskur" deines Emotionalkörpers entspricht. Gib dir das Recht, deine Emotionen körperlich und in Worten auszudrücken Schenke dir selbst befreiende Tränen, wenn du traurig bist, denn Tränen enthalten viele freigesetzte Stresshormone. Setze deine Wut frei, indem du alleine in deinem Zimmer auf ein Wutkissen einschlägst und dabei laut sagst oder schreist, was dich wütend macht. Setze deine Angst frei, indem du dich ihr stellst, statt vor ihr zu fliehen. Baue Vertrauen auf und begleite dich mit positiven Leitsätzen in den Tag. Du kannst auch dem betroffenen Elternteil einen Brief schreiben, indem du alle Emotionen und deine Anklage ausdrückst. Versende diesen Brief jedoch nicht, sondern verbrenne ihn, wenn du zu verzeihen bereit bist. Er dient lediglich

dazu, dir zu helfen, deine aufgestauten Emotionen zu veräußerlichen. Du kannst etwas erst dann akzeptieren, wenn dein Emotionalkörper vorher die damit verbundenen „vergifteten" Emotionen freigesetzt hat.

3. **Versuche, zu akzeptieren**

Akzeptieren heißt, etwas ohne Kritik und Urteil annehmen zu können und fähig zu sein, es als Tatsache festzustellen, auch wenn du es nicht verstehst und auch wenn du damit nicht einverstanden bist. Du brauchst es nicht gutzuheißen, um es annehmen zu können. Erinnere dich dabei, dass du nichts verändern kannst, was du nicht vorher akzeptiert hast! Wenn du akzeptieren kannst, dass du genau diejenigen Eltern hast oder hattest, welche dir von deinem spirituellen Lebensplan zugeteilt wurden, damit du dich persönlich und spirituell weiterentwickeln kannst und lernst, bedingungslos zu lieben, dann wirst du auch mehr Mitgefühl für diesen Elternteil empfinden können. Die Wahrscheinlichkeit, dass er durch seine Eltern ähnliches wie du erfahren hat und an denselben Verletzungen wie du leidet oder litt, ist groß. Mit der Akzeptanz dieser Tatsache, die dich für das Heilen deiner seelischen Verletzungen bereit macht, kannst du nicht nur dich, sondern auch deine Eltern und manchmal sogar deine Vorfahren energetisch freisetzen und somit die Verstrickungen, die seit Generation weitergegeben werden, unterbrechen.

Wenn du das kaum glauben kannst, dann aus dem Grunde, weil sich dein Ego nicht einfach überzeugen lässt. Es hält an festgefahrenen Überzeugungen und Schuldzuweisungen fest, weil es fälschlicherweise glaubt, dich so vor erneuten seelischen Schmerzen beschützen zu können.

Dein Herz aber wünscht sich nichts sehnlicher, als sich liebevoll öffnen zu können. Und dein tiefstes innerstes Wesen wünscht sich nichts sehnlicher, als zu innerem Frieden und Harmonie zu finden.

4. **Lass von deiner hinderlichen Überzeugung ab, indem du die Absicht des betroffenen Elternteils erkennst**

Der nächste Schritt besteht darin, anzuerkennen, dass du momentan noch Verletzungen in dir trägst, für die du alleine verantwortlich bist. Nur du hast die Macht und die Kraft, zu entscheiden, ob du weiterhin in einer Opferrolle weiterleiden willst, ob du weiterhin andere Menschen oder das Leben für dein Schicksal anklagen willst; oder ob du dein Wohlergehen und dein Lebensglück selbstverantwortlich in die Hand zu nehmen bereit bist.

Erkenne, dass du aufgrund deiner subjektiven Wahrnehmung, der Wahl der Deutung und deinen Überzeugungen auf ein Ereignis reagiert hast, das du als verletzend empfunden hast. Wenn du den Mut aufbringst, dich dem Elternteil zu offenbaren, durch den du dich verletzt gefühlt hast, und ihn nach seiner Absicht befragst, wirst du feststellen, dass er sich in den wenigsten Fällen bewusst war, dir wehzutun. Oftmals tut es ihm sogar sehr leid, dich verletzt zu haben und er wird dir sagen, dass das nicht seiner Absicht entsprach. Auch er handelte aufgrund seiner momentanen subjektiven Wahrnehmung, seinen Überzeugungen, Ängsten und Verletzungen. Wenn unser verletztes Ego uns nämlich davon überzeugen will, ein anderer Mensch hätte uns mit Absicht verletzt, ohne den Mut aufzubringen, seine Absicht mit ihm abzuklären, besteht die Möglichkeit, dass wir dieser Person unrecht tun. Was schlussendlich unsere Verletzung der Ungerechtigkeit vergrößern und uns von befreiendem Verzeihen abhalten würde.

5. **Ändere deine Denkweise, fühle anders und handle auf neue Weise**

Ablehnung: Ich habe das Recht auf eine glückliche Existenz, ich gebe mir das Recht, meinen Platz im Leben einzunehmen. Ich flüchte nicht vor meinen Ängsten, sondern stelle mich ihnen und baue mein Selbstvertrauen auf.

Vernachlässigung: Ich lerne, mir selbst mehr Aufmerksamkeit und Unterstützung zu geben. Ich lasse mich nicht mehr selbst im Stich und gebe meine Projekte nicht unvollendet auf. Ich höre auf zu glauben, dass ich es alleine nicht schaffe, und traue mir zu, autonom sein zu können.

Demütigung: Ich frage mich, ob mich andere Menschen wirklich mit Absicht erniedrigen wollen, oder ob ich das selbst tue, indem ich mich herabsetze, weil es mir an Selbstwertgefühl fehlt. Ich schätze mich selbst so, wie ich andere schätze, ich höre ebenso auf meine eigenen Bedürfnisse, wie ich auf diejenigen anderer Menschen eingehe. Ich vertraue mir, dass ich mit der damit neu gewonnen Freiheit umgehen kann.

Verrat: Ich entschließe, anderen Menschen und dem Leben mehr Vertrauen zu schenken. Ich lasse von meinem Kontrollbedürfnis los und höre auf, andere Menschen zu kritisieren und zu verurteilen. Ich entwickle mir selbst gegenüber eine realistische Selbsteinschätzung, lerne loszulassen und schenke mehr Toleranz und Geduld, was meine Angst der Trennung und des Verrates in Vertrauen zu anderen umwandelt.

Ungerechtigkeit: Ich lerne, Emotionen und Gefühle zu spüren und mich nicht von ihnen abzutrennen. Ich frage mich, ob der andere Mensch mich wirklich ungerecht behandeln wollte. Ich lerne, flexibler, nachgiebiger und toleranter mir selbst gegenüber zu werden. Ich lasse von meiner Überzeugung los, dass ich nur als perfekter, vollkommener Mensch geliebt werden kann. Ich höre auf, mein eigener Richter zu sein, ich behandle mich mit weniger Strenge und Härte, dafür mit mehr Milde und Selbstliebe.

6. **Verzeihen und Versöhnen**
Dieser letzte und wichtigste Schritt wird im übernächsten Kapitel ausführlich erklärt. Seine befreiende Energie kann dann freigesetzt werden, wenn wir uns nicht nur mit anderen versöhnt-, sondern uns auch selbst verziehen haben, was

wir über sie gedacht und wie wir ihnen gegenüber gehandelt haben.

Wie tröstlich ist es zu wissen, dass dies auch möglich ist, wenn die betroffene Person nicht mehr in der sichtbaren Welt lebt. Durch unseren reinen Herzenswunsch, uns mit ihr zu versöhnen, erschaffen wir eine energetische Verbindung, welche ein Verzeihen möglich macht. Wir können ihr mitteilen, dass wir sie angeklagt und uns von ihr verletzt gefühlt haben, dass wir aber nun bereit sind, ihr und uns selbst zu verzeihen. Wenn dies unsere ehrliche Absicht ist, wird das ganze Universum dazu beitragen, unsere Herzen und Seelen mit befreiendem Verzeihen und innerem Frieden zu erfüllen.

Entscheide dich, loszulassen

**Loslassen bedeutet,
etwas sich selbst und dem Leben zu übergeben,
ohne es zurückzuhalten und kontrollieren zu wollen.**

Wir können aber nur loslassen, was wir akzeptiert haben – sonst ist es kein Loslassen, sondern entweder Resignation oder Selbstbetrug, indem wir uns glauben machen wollen, wir hätten vergeben und vergessen, während wir immer noch negativen Gedanken und Gefühlen verhaftet sind. Menschen, die sagen: „Ich habe zwar verziehen, aber ich werde nie vergessen", haben oft nicht wirklich mit dem Herzen verziehen – aber auf wahrhaftes Verzeihen werden wir noch zu sprechen kommen.

Loslassen bedingt Vertrauen in uns selbst, in andere Menschen und in das Leben. Es bedeutet auch, dass wir akzeptieren können, dass wir vom Leben immer das erfahren, was für unsere persönliche und spirituelle Entwicklung sinnvoll ist, auch wenn uns dies manchmal nicht sinnvoll erscheint und nicht unseren Wünschen und Vorstellungen entspringt.

Loslassen kann auch mit Akzeptanz von Traurigkeit zu tun haben. Traurigkeit ist eine Emotion, welche aus dem Prozess der Trauer hervorgeht, der folgende Etappen beinhaltet:

☆ Die Verleugnung oder Verdrängung einer schmerzlichen Tatsache (das kann nicht sein, es ist unmöglich, dass mir/uns das passiert)

☆ Die Auflehnung, die Wut, der Zorn (weshalb passiert das gerade mir/uns? Das ist ungerecht, womit habe ich/haben wir das verdient?)

☆ Die Angst, alleine und verlassen zu sein oder zu werden (wie werde ich ohne … leben können? Wie werden die anderen ohne mich leben können? Was wird aus mir werden? Was wird den anderen geschehen?)

☆ Das Feilschen (ich würde alles darum geben, um die Tatsache umgehen zu können)

☆ Die Traurigkeit und das Leid (das schmerzhafte Gefühl, etwas oder jemanden für immer verloren zu haben, das Leid, das der Verlust mit sich bringt, und das Bedürfnis, sich zurückzuziehen), im Herzen des Schmerzes angelangt sein und den Tiefpunkt erleben

☆ Die Akzeptanz des Unabänderlichen

☆ Das Loslassen (die Phase des Neubeginns, das Zulassen der empfundenen Emotionen und die damit verbundene Bereicherung durch die erlebte Erfahrung)

☆ Das Verzeihen und Versöhnen, wenn man dazu bereit ist

Loslassen bedeutet auch, seine Ziele erreichen zu wollen, ohne jedoch sein Wohlergehen vom Resultat abhängig zu machen. Um dies zu veranschaulichen, kannst Du dir einen Schützen vorstellen. Er konzentriert seine Fähigkeit darauf, die Mitte seiner Zielscheibe mittels seines Bogens und Pfeiles zu erreichen. Er weiß, was er will, er ist vollkommen auf sein Ziel konzentriert und visualisiert das präzise Eintreffen des Pfeiles. Er bezieht auch äußere Faktoren, wie zum Beispiel die Windrichtung, mit ein und tut alles in seiner Macht Stehende, damit sein Pfeil das Ziel erreicht. Aber wenn er nicht bereit ist, seinen Pfeil und damit seine Kontrolle loszulassen, kann dieser sein Ziel nicht erreichen.

Es ist dieser Spielraum, welchen wir dem Leben vertrauensvoll schenken, wenn wir bereit sind, loszulassen. Wir wissen, dass wir alles in unserer Macht Liegende getan haben, um unser Ziel zu erreichen. Das Weitere übergeben wir dem Leben, denn vielleicht will es uns zu unserem Besten auf einen anderen Weg oder an einen anderen als den von uns geplanten Ort führen. Vielleicht sind in unserem Lebensplan andere Erfahrungen vorgesehen, die für unsere persönliche und spirituelle Entwicklung sinnvoller sind, auch wenn sie nicht unseren Vorstellungen entsprechen. Ob wir das akzeptieren können, hängt davon ab, ob wir Vertrauen und Glauben in uns, in andere Menschen und in das Leben aufgebaut haben.

Oft hindert uns jedoch der kontrollierende Teil unseres Egos daran, loszulassen; denn oft glaubt es, dass Loslassen gleichbedeutend mit Aufgeben und Verlieren sei. Die hinderliche Überzeugung, dass Loslassen ein Zeichen der Schwäche und des Machtverlustes sei, kann uns daran hindern, etwas uns unnötig Belastendes der Vergangenheit zurückzugeben; oder die gegenwärtige Situation zu akzeptieren, was unnötigen Energieverlust mit sich bringt. Wenn es uns an Toleranz fehlt, wir ungeduldig sind und uns vielleicht sogar wie besessen in eine Sache verrennen, dann sollten wir uns bewusst werden, dass unser Ego mit seinen hinderlichen Überzeugungen die Macht über unser innerstes Wesen übernommen hat. Somit werden wir zu Gefangenen unserer eigenen Ängste und Grenzen. Ist das sinnvoll? Indem wir unserem innersten tiefsten Wesen vertrauensvoll die Führung überlassen, können wir auch akzeptieren, dass unser Leben andere Pläne vorsieht, als unser Ego erfassen kann und zulassen will.

Wir können uns im Leben alles wünschen, das uns erstrebenswert erscheint, aber wir sollten dabei akzeptieren, dass das Leben uns manchmal durch eine andere Erfahrung bereichert als diejenige, die wir von ihm erwartet und erhofft haben. Diese Lebensweisheit schenkt uns größere Lebensfreude und innere Ruhe, da wir weniger Energie dafür aufwenden, etwas ändern zu wollen, das wir nicht ändern können. Und da wir damit auch weniger Stress aufbauen, hält uns Loslassen gesund und jung!

Du allein kannst entscheiden, was du in deinen Rucksack packst, den du auf deinen Lebensweg mitnimmst. Du alleine hast die Freiheit, zu entscheiden, wann du schmerzvolle Erinnerungen, Trauer, Schuldgefühle, Hass und Kritik loslassen willst, um dein Leben hier und jetzt in der Gegenwart genießen zu können.

Ich lade dich nun ein, mit mir eine Reise ins Land des Loslassens zu unternehmen!

Lege dich dazu bequem hin, schließe deine Augen und beginne, bewusst ein- und auszuatmen. Stell dir vor, dass du bei jeder Ausatmung deine innere Spannung loslässt und dass du bei jeder Einatmung innere Ruhe einatmest. Du konzentrierst dich dabei ausschließlich auf deine Atmung. Falls deine Gedanken unruhig werden und abschweifen, dann bringe deine Konzentration liebevoll zu deiner bewussten Atmung zurück.

Stell dir nun vor, du befindest dich in der Nähe eines breiten Flusses. Es ist Nachmittag. Die Sonne scheint warm und die Temperatur ist angenehm. Du erblickst eine Bank, gehst auf sie zu und setzt dich bequem hin. Von diesem Ort aus kannst du den Flusslauf überblicken. Beobachte, wie es um dich herum aussieht. Was siehst du? Nimm die Formen und Farben wahr, die sich deinen Augen bieten. Was hörst du? Vielleicht Stimmen der Natur? Die Stille? Hörst du, was du gerade denkst und zu dir sagst? Fühlst du die angenehme Temperatur? Riechst du einen köstlichen Duft? Schenk dir Zeit, dich an diesem Ort sicher und wohl zu fühlen …

Dann kannst du neben dir einen Haufen Steine erkennen. Bei näherer Betrachtung wird dir bewusst, dass jeder Stein etwas bedeutet, dass du loslassen willst. Neben den Steinen siehst du auch einen hellbraunen, großen Jutesack mit einer soliden Sisalschnur.

Du nimmst nun langsam einen der Steine, den du dir ausgesucht hast, in deine Hand. Schau ihn dir genau an, seine Größe, seine Farbe, seine Oberfläche, seine Textur. Wie fühlt er sich an? Gib dir Zeit, diesem Stein einen Namen zu geben, der für das steht, was du loslassen willst.

Auch den größten und schwersten Stein kannst du wie durch Zauberhand leicht aufheben. Versuche, dabei mit offenem Herzen alle Gefühle zuzulassen, dich du empfindest …

Wenn du gespürt und akzeptiert hast, was dein erster Stein bedeutet, dann lege ihn in den Jutesack. Verfahre so mit allen Steinen, die auf deinem Haufen liegen. Vielleicht gibt es auch Steine, die du noch nicht bereit bist, loszulassen. Lass sie liegen und akzeptiere das, denn du kannst jederzeit an diesen Ort zurückkommen, wenn du dafür bereit bist.

Sobald du alle Steine, die du loszulassen bereit bist, in den Jutesack gesteckt hast, binde ihn mit der Sisalschnur fest zu. Nimm dir dafür die Zeit, die du brauchst.

Nun siehst du, wie sich ein Schleppkahn auf dem Fluss von rechts nähert und auf das Ufer zufährt, auf welchem du dich befindest. Du hebst den verschnürten Jutesack auf, der wie durch Zauberhand leicht tragbar geworden ist, und näherst dich dem angehaltenen Kahn. Du nimmst deinen vollen Jutesack und wirfst ihn mit einer schwungvollen Bewegung auf den Kahn, wobei du zu dir selbst sagst: „Ich entscheide hier und jetzt, mein Bedauern, meine Verbitterung, meine Anklage oder meine Schuldgefühle bezüglich (Name der Person) oder einer Lebenssituation für immer loszulassen."

Wie fühlst du dich jetzt? Nimm dir Zeit, bewusst zu empfinden, was in dir vorgeht.

Nun schaust du dem Schleppkahn zu, wie er sich in Bewegung setzt, mit dem Jutesack beladen nach links wegfährt und immer kleiner wird, bis er schlussendlich hinter einer Flussbiegung aus deinen Augen verschwindet …

Du bleibst so lange an diesem angenehmen Ort, wie du möchtest, und ruhst dich etwas aus. Du siehst, wie das Sonnenlicht die Landschaft mit zarten Pastellfarben in ein warmes Licht taucht. Du fühlst dich ganz durchdrungen von diesem warmen, angenehmen Licht, das du als liebevolles Geschenk des Lebens annimmst. Es füllt jede Zelle deines Körpers und nährt dein Herz mit Liebe und Frieden. Genieße dieses Gefühl so lange, bis du dich entschließt, langsam den Heimweg anzutreten …

Und wenn du dich bereit fühlst, atme ein paar Mal tief ein und beginne, deine Hände und Füße sachte zu bewegen, strecke dich aus, gähne und öffne langsam die Augen, um dich erfrischt im Hier und Jetzt wiederzufinden. Nimm dir Zeit, in dich hinein zu fühlen …

Lerne zu vergeben

**Vergeben ist eine Gabe aus Liebe
und ein Ausdruck ihrer edelsten Form.**

Es bedeutet, sich selbst zu verzeihen und sich mit anderen Menschen auszusöhnen. Vergeben hat eine heilende Wirkung auf Seele, Geist und Körper, denn es hat die Kraft, den physischen Körper zu beeinflussen und neue, gesunde Körperzellen entstehen zu lassen.

Wahrhaftes Vergeben ist ein Ausdruck von Weisheit und Liebesfähigkeit und keinesfalls von Schwäche und Nachgiebigkeit. Ein Mensch, der zu vergeben bereit ist, verzichtet bewusst darauf, nachtragend, rachsüchtig, anklagend und Schuld zuweisend zu sein. Es ist nur dann möglich, sich selbst zu verzeihen und sich mit anderen Menschen auszusöhnen, wenn man sich selbst und andere bedingungslos akzeptiert und seine Anschuldigungen gegen sie losgelassen hat.

Da es einen Unterschied zwischen „verzeihen" und „sich aussöhnen", gibt, steht im weiteren Verlauf „verzeihen" für Selbstvergebung und „sich aussöhnen", um anderen Menschen zu vergeben.

Jedes Mal, wenn wir eine Emotion empfinden (und ich weise in diesem Zusammenhang nochmals auf den Unterschied zwischen Emotion und Gefühl hin), empfinden wir entweder uns selbst oder/und anderen gegenüber Anklage und Schuldzuweisung. Nachtragend zu sein ist eine Emotion, die denjenigen behindert und verletzt, der sie empfindet. Wenn diese Emotion zu lange im Emotionalkörper gefangen bleibt, schädigt sie, wie Gift, emotional denjenigen am meisten, der sie empfindet. Alles, was wir anderen Menschen nachtragen, kettet uns durch unsichtbare Fesseln an sie und macht uns unfrei. Es ist weder nutzbringend noch sinnvoll, uns weiterhin in der Gegenwart selbst dafür zu bestrafen, dass ein anderer Mensch uns in der Vergangenheit verletzt hat.

Um diese innere Haltung zu erlangen, ist die uns schon bekannte Spiegelresonanz das wirksamste Mittel. Sei dir bewusst, dass du das, wessen du andere anklagst, selbst in dir trägst, und damit in Resonanz bist, sonst würde es keine Emotionen in dir auslösen! Wenn du zum Beispiel jemanden als verantwortungslos anklagst, wirst du selbst mit deinem verantwortungslosen Teil konfrontierst. Vielleicht, weil du eine Opferrolle benutzt, um andere von dir abhängig zu machen, da du glaubst, sie seien dir etwas schuldig? Jedes Mal, wenn du anderen die Schuld für etwas zuweist, für das du mitverantwortlich bist, übernimmst du deinen Teil der Verantwortung nicht. Könnte es also sein, dass du verantwortungslos dir selbst gegenüber bist?

Jedes Mal, wenn wir jemanden anklagen, ist diese Anklage das Spiegelbild desjenigen Teils in uns selbst, den wir nicht akzeptieren und dessen wir uns selbst unbewusst anklagen. Du kannst sicher sein, dass andere Menschen dir ebenfalls das vorwerfen, wessen du sie anklagst. Das bedeutet auch, dass die Person, mit der du in Resonanz stehst, unter denselben Ängsten und seelischen Wunden wie du leidet. Sie ist, wie du auch, an den Grenzen ihrer Liebesfähigkeit angekommen. Wenn du bereit bist, das anzuerkennen, wirst du fähig, dich an die Stelle dieses Menschen zu versetzen und sogar Mitgefühl für ihn zu empfinden. Unser Leben wurde uns nicht dazu gegeben, andere Menschen ändern zu wollen, sondern um uns selbst durch den Spiegel, welche andere uns vorhalten, besser kennen-und lieben zu lernen.

„Liebe deinen Nächsten wie dich selbst"

Wahres Vergeben schließt nicht nur Versöhnung mit anderen, sondern auch immer Verzeihen sich selbst gegenüber mit ein. Solange du dir selbst nicht verziehen hast, über eine andere

Person negative Gedanken und Gefühle geschürt zu haben, so lange wirst du immer wieder mit Menschen und Situationen konfrontiert, von denen du zu lernen hast, alle Aspekte deiner Persönlichkeit bedingungslos anzunehmen und dich so zu lieben, wie du bist. Das Leben beabsichtigt damit, dass du akzeptierst, dass das, wessen du andere anklagst, derjenige Teil von dir selbst ist, dem du noch nicht vergeben hast.

Dieser wichtige Schritt des Verzeihens kann nur dann stattfinden, wenn du akzeptieren kannst, dass auch du zum Leiden anderer Menschen bewusst oder unbewusst beigetragen hast. Erkenne und akzeptiere den Teil in dir, der angstvoll gelitten hat und deshalb deinem verletzten Ego die Oberhand über dein innerstes liebevolles Wesen gab.

Wenn du noch nicht bereit bist, dir selbst zu verzeihen und dich mit andern auszusöhnen, ist dies ein Zeichen, dass deine seelischen Verletzungen von Ablehnung, Vernachlässigung, Erniedrigung, Verrat oder Ungerechtigkeit noch zu übermächtig von deinem Ego bestimmt werden und du zu sehr unter ihnen leidest, um dich ihnen zu stellen. Akzeptiere in diesem Falle, dass du noch nicht bereit bist, zu vergeben. Du alleine hast die Macht und die Freiheit, zu entscheiden, wann du dazu bereit bist.

Meistens hat die Person, die du beschuldigst, dasselbe Geschlecht wie derjenige Elternteil, mit welchem du diese Verletzung in deiner Kindheit erlebt hast. Auch wenn die äußeren Umstände anders sein mögen, bleibt die Anklage und die Verletzung doch dieselbe.

Nehmen wir an, ein Freund oder eine Freundin habe dich im Stich gelassen als du ihn oder sie am meisten gebraucht hättest. Du kannst dich aufgrund deiner seelischen Verletzung entweder zurückgewiesen, vernachlässigt und alleine gelassen, erniedrigt, verraten oder ungerecht behandelt fühlen. Wenn du nun an deine Kindheit zurückdenkst, kannst du dich an eine Begebenheit oder dieselben Gefühle erinnern, welche in dir vom Elternteil desselben Geschlechts wie dieser Freund oder diese Freundin ausgelöst wurden? Die Wahrscheinlichkeit ist ziemlich groß. Es ist dabei sinnvoll, schrittweise mit weniger schmerzhaften Verletzungen zu beginnen, da du durch die Öffnung deines Herzens auch wieder mit den Emotionen konfrontiert wirst, die du verdrängen wolltest. Aber diese Emotionen freizusetzen ist der einzige Weg, um die ersten Schritte des Verzeihens durchleben zu können. Vertraue dabei dem Leben, dass es dich darin unterstützt und dass nicht mehr Emotionen in dein Bewusstsein aufsteigen, als du verkraften kannst.

Das Endziel ist jedoch keinesfalls, den betroffenen Elternteil anzuklagen, auch wenn das eine Etappe im Vergebungsprozess darstellt. Gestehe dir ein und akzeptiere, dass du diesem Elternteil böse warst und dass du dich von ihm verletzt gefühlt hast. Indem du dir selbst das Recht zugestehst, diesen Elternteil angeklagt zu haben, akzeptierst du, dass du auf dieser Welt bist, um spirituell zu wachsen.

Dieser Elternteil, dem du etwas nachgetragen hast und den du dafür vielleicht sogar gehasst hast (erinnere dich, dass Hass die emotionale Antwort auf eine bittere Enttäuschung eines großen, nicht erwiderten Liebebedürfnisses ist), hat das Beste getan und gegeben, zu dem er zum damaligen Zeitpunkt fähig war. Auch er leidet unter seinen Verletzungen, die er mit seinen eigenen Eltern erlebt hat, auch er hat seine Ängste, Grenzen und Schwächen. Er war nicht fähig, dir etwas anderes zu geben, als er selbst bekommen hat. Wenn du ihn nun dafür anklagst, dann bedeutet das, dass du dieselben Ängste, Grenzen und Schwächen wie er hast, dass deine Verletzungen noch nicht geheilt sind und dass du dir selbst noch nicht verziehen hast. Ist es jedoch sinnvoll, dich selbst dafür zu bestrafen, indem du an Schuldzuweisungen festhältst, die dich um deinen inneren Frieden bringen, anstatt dein Herz zu öffnen?

Schritte zur Vergebung

1. Ich bin bereit, meine Emotionen zu fühlen und mir das Recht zu geben, einen anderen Menschen anzuschuldigen oder angeschuldigt zu haben. Das macht keinen „schlechten" Menschen aus mir, sondern zeigt, dass ich meine seelischen Verletzungen akzeptiere und an ihnen zu arbeiten bereit bin.

2. Ich frage mich, wessen ich mich oder einen anderen Menschen beschuldige. Die Antwort sollte lauten: „Ich beschuldige diesen Menschen, (setze ein Adjektiv ein) … zu sein." Welche Emotionen empfinde ich dabei? Auf welche der fünf Grundverletzungen kann ich diese Emotionen zurückführen?

3. Ich übernehme die volle Verantwortung für meine Emotionen und Verletzungen. Welche Erwartungen hatte ich dem anderen gegenüber? Ich erkenne, dass meine emotionale Reaktion aus meinen nicht erfüllten Erwartungen entstanden ist, und dass ich immer die Wahl habe, mit Liebe oder Angst zu reagieren.

4. Ich frage mich, was das Schlimmste ist, das mir in dieser Situation passieren könnte. Was befürchte ich am meisten für mich? Diese Angst ist der Grund, weshalb mein Ego eine hinderliche Überzeugung erschaffen hat. Mein Ego glaubt nämlich irrtümlicherweise, ich hätte so nicht mehr unter der emotionalen Verletzung zu leiden. Wenn ich meine Angst identifiziert habe, erkenne ich, dass niemand anders als ich selbst dafür verantwortlich bin.

5. Ich erkenne, dass ich einen anderen Menschen anklage, weil er meine eigenen Verletzungen aktiviert hat, welche mit denjenigen des anderen Menschen in Resonanz stehen.

6. So wie ich erkenne, dass auch ich andere Menschen verletzt habe, so erkenne ich, dass andere Menschen ebenso an ihren eigenen Verletzungen leiden. Ich versuche, mich

an die Stelle des anderen Menschen zu versetzen, da er dieselben Ängste wie ich hat, und werde fähig, Mitgefühl für ihn zu empfinden.

7. Ich akzeptiere, meine Erwartungen dieser Person gegenüber loszulassen, da ich erkenne, dass ich selbst für meine Emotionen und meine Bedürfnisse verantwortlich bin. Ich lasse alle Anschuldigungen und Anklagen gegenüber dieser Person fallen, denn ich bin mir bewusst, dass diese Person mir durch die Spiegelresonanz Aspekte aufgezeigt hat, die ich in mir selbst nicht akzeptiere. Damit will mir das Leben helfen, mich selbst so anzunehmen und zu lieben, wie ich bin. Ich stelle die Verbindung zum gleichgeschlechtlichen Elternteil wie diese Person her.

8. Ich gebe mir das Recht, noch unbewältigte Ängste und unverheilte Verletzungen zu haben. Ich weiß, dass sie vorübergehend sind, und akzeptiere, dass meine Ängste und Verletzungen der Grund meiner Reaktion waren.

9. Ich vergebe mir selbst, dass ich die andere Person angeklagt habe, und dass ich sie sehr wahrscheinlich ebenso verletzt habe wie sie mich.

10. Bevor ich mich mit dieser Person konkret aussöhne, prüfe ich, wie ich mich bei dem Gedanken fühle, ihr mitzuteilen, was ich unter den Punkten 1 bis 8 über mich selbst erfahren habe. Ich prüfe, ob ich eine Aussprache wünsche, weil ich recht behalten will (was zeigt, dass mein Ego noch nicht bereit ist, loszulassen), oder ob ich damit bezwecke, dass sich die andere Person schuldig fühlt. In beiden Fällen bin ich noch nicht für eine wahre Versöhnung bereit. Wenn ich aber Mitgefühl, tiefe Freude und große Erleichterung darüber empfinde, mich mit dieser Person auszusöhnen, dann ist der richtige Moment dafür gekommen.

11. Ich bitte die betreffende Person um eine Aussprache unter vier Augen und teile ihr mit, was ich über mich selbst aus dieser Situation gelernt habe. Ich drücke mein Bedauern darüber aus, sie verurteilt und angeklagt zu haben. Ich frage sie, ob

sie mich desselben beschuldigt wie ich sie, ob sie dieselben Ängste und Verletzungen hat wie ich und ob sie sich ebenfalls von mir verletzt gefühlt hat. Hat sie vielleicht sogar dasselbe mit dem gleichgeschlechtlichen Elternteil wie ich erlebt?

12. Diese Aussprache bietet uns beiden die Möglichkeit, uns unserer emotionalen Verletzungen bewusst zu werden und zu einer Versöhnung mit dem entsprechenden Elternteil bereit zu sein, mit welchem wir alle vorangegangenen Schritte ebenfalls teilen.

Falls du dir selbst etwas zu verzeihen hast, akzeptiere, dass du in deinem Tun nie vollkommen sein kannst und auch nicht vollkommen sein musst, um geliebt zu werden und dich selbst zu lieben. Dann kannst du dir auch Fehler, Schwächen und Grenzen zugestehen. Du kannst dir das Recht geben, verletzlich und unvollkommen zu sein, du kannst dir das Recht geben, deine seelischen Wunden noch nicht geheilt zu haben, und du kannst dir das Recht geben, noch nicht zu bedingungsloser Liebe fähig zu sein.

Statt vollkommen sein zu wollen, kannst du dich allerdings dazu entscheiden, immer zu versuchen, dein Bestes zu geben und es mit anderen zu teilen. Wenn du das nach bestem Wissen und Gewissen versuchst, hast du dein Möglichstes getan und kannst aus deinen Fehlern und Schwächen lernen, um über sie hinauszuwachsen. Diese Erkenntnisse sind wichtige Schritte auf deinem Weg zur Selbstliebe, denn sie bedeuten Akzeptanz dessen, was und wer du zum jetzigen Zeitpunkt bist; im Wissen, dass dies eine vorübergehende Etappe in deinem persönlichen und spirituellen Werdegang ist.

Wenn du aber wie viele Menschen unbewusst glaubst, dass Selbstbestrafung durch Schuldgefühle „Sündenerlass" bedeutet, würdest du dir damit selbst schaden und dich am Erlernen von Selbstliebe hindern. Schuldgefühle sind nur dann gerechtfertigt, wenn ein Mensch in vollem Bewusstsein sich selbst oder anderen Menschen durch seine Worte und Taten mit

Absicht Schaden zufügt, aber auch in diesem Falle steht eine für ihn als positiv bewertete Absicht dahinter, die er erkennen und für die er sich selbst verzeihen kann (zum Beispiel, seinem Leid ein Ende bereiten zu wollen, indem er andere leiden lässt).

Unsere Handlungen entspringen immer einer für uns als positiv bewerteten Absicht, auch wenn die Handlung negative Konsequenzen für andere haben kann. Wenn wir uns schuldbewusst fühlen, ist es sinnvoll, uns die Frage zu stellen, ob wir die Absicht hatten, verletzend zu sein. Dabei werden wir feststellen, dass dies in wenigen Fällen tatsächlich so ist.

Geprägt durch die menschlich unvollkommene Umsetzung der jüdisch-christlichen Glaubenslehre glauben auch heute noch viele Menschen, dass sie etwas ungeschehen machen könnten, wenn sie dafür mit Schuldgefühlen bezahlen. Sie glauben, sie müssten sich schuldig fühlen, damit Buße getan sei und Gott ihnen vergeben würde, statt zu erkennen, dass sich jeder Mensch durch seine ihm innewohnende Göttlichkeit nur selbst vergeben kann. Diese Überzeugung hindert sie daran, im spirituellen Sinne verantwortungsvolle Menschen zu werden, da Schuldgefühle wahres Verantwortungsbewusstsein verhindern. Schuldgefühle halten uns in Nicht-Akzeptanz gefangen und verhindern so unsere Entwicklung zu verantwortungsvollen Menschen, die ihre Lebenserfahrungen annehmen, um durch sie zu mehr Selbstliebe und Liebesfähigkeit zu gelangen.

Vergeben bedeutet also auch, Selbstverantwortung zu übernehmen. Auf spiritueller Ebene hat jeder Mensch die Verantwortung für seine Gedanken, Überzeugungen, Auslegungen, Emotionen, Worte, Handlungen und Entscheidungen vollumfänglich selbst zu übernehmen. Aber niemand trägt diese Verantwortung für jemand anderen. Das bedeutet, dass niemand für die Gedanken, Überzeugungen, Auslegungen, Emotionen, Worte, Handlungen und Entscheidungen eines anderen Menschen verantwortlich ist!

Der erste Schritt zur Selbstverantwortung liegt darin, niemandem die Schuld für das zu geben, was uns widerfährt.

Selbstverantwortung bedeutet, anzuerkennen, dass alles, was unser Leben beinhaltet, eine Konsequenz dessen ist, was wir selbst erschaffen haben! Eine Person, die nicht bereit ist, spirituelle Selbstverantwortung für ihr Leben zu tragen, wird oft Schuldgefühle – und sich selbst als Opfer anderer Menschen oder des Lebens – empfinden.

Es ist eine unserer Lebensaufgaben, die Gesamtheit unserer menschlichen Erfahrungen mit dem Herzen zu akzeptieren; auch wenn wir sie nicht gutheißen und ihren tieferen Sinn nicht erkennen können. Schuldgefühle in sich selbst oder in anderen zu erzeugen bedeutet, sich selbst oder andere anzuklagen. Anklage ist das Gegenteil von Akzeptanz. Und wir wissen ja mittlerweile, dass wir nur das verändern können, was wir auch akzeptiert haben. So lange wir uns selbst, anderen Menschen oder der Ungerechtigkeit des Lebens die Schuld geben, bleiben wir Schuldgefühlen und damit der Ablehnung unserer Verantwortung verhaftet, was keine spirituelle Entwicklung zulässt. Entschließen wir uns jedoch, die volle Verantwortung für unsere Gedanken, Emotionen und Taten zu übernehmen, können wir unser Leben bereichernd leben. Diese Lebensbejahung führt es seinem tieferen Sinn zu, nämlich alle Arten von Erfahrungen zu sammeln, die für unsere Entfaltung als Mensch und als spirituelle Wesen wichtig sind.

Das bedeutet jedoch auch, dass wir anderen Menschen die Verantwortung für ihre eigenen Gedanken, Emotionen und Taten überlassen – und uns nicht für ihre Interpretationen, emotionalen Reaktionen oder Entscheidungen schuldig oder verantwortlich fühlen sollten.

Ein spirituell verantwortungsvoller Mensch weiß, dass er sich sein Leben selbst erschafft, was ihm auch die Macht über sein eigenes Leben gibt. Er kennt und nutzt die befreiende Kraft des Vergebens, welche das Samenkorn der Heilung aller emotionalen Verletzungen in sich trägt.

Die Verbindung zwischen
den verschiedenen Körperebenen

Wir können uns unsere verschiedenen Körper als Kreise vorstellen, welche sich ineinander befinden. Im Zentrum des Kreises befindet sich auf immaterieller Ebene unser „ICH BIN", das wir auch unser innerstes, tiefstes Wesen oder unser Höheres Ich nennen können. Unsere Seele stellt dabei die Verbindung zwischen unserem spirituellen Wesen, das mit der Quelle allen Seins, unserem göttlichen Ursprung, verbunden ist, und unseren verschiedenen materiellen Körperebenen dar:

Verstandesebene: unser Mentalkörper, die Gesamtheit unserer Gedanken und Überzeugungen, unser Ego, unsere Persönlichkeit, unser „kleines, menschliches Ich"
Gefühlsebene: unser Emotionalkörper, unsere Emotionen, Gefühle, Wünsche und Bedürfnisse
Körperebene: unser physischer Körper, unsere Handlungen und Verhaltensweisen

**Im Idealfalle stehen
die drei materiellen Körperebenen
im Dienste unseres spirituellen Wesens.**

Jeder Gedanke, den wir in unserem Mentalkörper erzeugen, birgt in sich schöpferische Energie. Je öfter und intensiver wir einen Gedanken denken, desto mehr nähren wir seine Energie, bis sich diese verdichtet und in der materiellen Welt in Form von konkreten Ereignissen und Tatsachen widerspiegelt.

**Unsere Gedanken sind der Ursprung
unserer Emotionen und Handlungen**

Wir haben die Freiheit, und somit auch die Macht und die Verantwortung, zu entscheiden, was wir glauben wollen! Niemand kann uns zwingen, etwas gegen unseren Willen zu glauben. Nun gibt es jedoch viel mehr Menschen, welche Überzeugungen anderer ungeprüft übernehmen, als solche, die das Bewusstsein und den Mut haben, ihr Leben nach eigenen Überzeugungen zu erschaffen. Das mag an der Tatsache liegen, dass viele Menschen gerne die Verantwortung für ihr Leben abgeben. Es braucht weniger Selbstverantwortung, um die Politik, die Wirtschaftslage, die Firmenleitung, die Arbeitskollegen, die Familie, den Partner usw. dafür verantwortlich zu machen, dass unser Leben nicht dem entspricht, was wir von ihm erwarten. Der Glaube an diese vermeintliche Machtlosigkeit und die daraus resultierende Übergabe der Eigenverantwortung kann deshalb auch von machthaberischen Personen gefördert und geschickt durch Manipulation ausgenutzt werden.

Unser Emotionalkörper steht in enger Verbindung mit unserem Mentalkörper und wird von diesem direkt beeinflusst. Unsere Überzeugungen und Gedanken erzeugen in uns Emotionen und Gefühle. Alles, was wir fühlen, unsere Freude, Trauer, Wut und Angst wird von unseren Gedanken beeinflusst!

Mental- und Emotionalkörper beeinflussen ihrerseits unseren physischen Körper, welcher das entweder daraus entstandene energetische Gleichgewicht durch Wohlbefinden und Gesundheit oder im Falle von energetischem Ungleichgewicht durch Unwohlsein und Krankheit widerspiegelt. Unser physischer Körper kann als „Bote" dessen verstanden werden, was wir auf gedanklicher und gefühlsmäßiger Ebene erschaffen haben. Sind dies vertrauensvolle, bejahende Gedanken und förderliche Überzeugungen, fühlen wir uns ausgeglichen, energiebeladen und lebensfreudig, was unser physischer Körper durch Gesundheit und kraftvolle Lebensenergie ausdrückt. Sind dies angstvolle, verneinende Gedanken und hinderliche Überzeugungen, fühlen wir uns niedergeschlagen, verzweifelt, wütend, angstvoll oder gestresst, was unser physischer Körper durch Antriebsmangel, Unwohlsein oder Krankheit ausdrückt.

Je öfter wir negative Gedanken mit den damit verbundenen negativen Emotionen erschaffen und je länger diese Zeitspanne dauert, desto stärker wird die energetische Blockade, welche unser Körper durch physische oder psychische Krankheit ausdrückt. Ein kranker Körper will uns übermitteln, dass unsere Mental- und Emotionalkörper nicht im Gleichgewicht sind. Dieses gestörte Gleichgewicht findet seinen Ursprung in unserem Mentalkörper, der durch hinderliche Überzeugungen Ängste erschafft, welche die Wünsche und Bedürfnisse unseres Emotionalkörpers unterdrücken.

Unser Emotionalkörper erschafft nämlich nicht nur Emotionen und Gefühle, sondern auch Wünsche und Bedürfnisse, deren Verwirklichung unserem Leben Sinn und Erfüllung geben – und zu Selbstentfaltung und Selbstverwirklichung unseres wahren Ichs führen wollen. Wir setzen dann unseren Emotionalkörper sinnvoll ein, wenn er in enger Verbindung mit unserem tiefsten, inneren Wesen steht und somit die Bedürfnisse unseres wahren „ICH BIN" zum Ausdruck bringt. Dabei stehen unsere Wünsche mit HABEN und TUN und unsere wahren Bedürfnisse mit unserem SEIN im Zusammenhang.

Wenn alle Ebenen im Gleichgewicht sind, steht unser Mentalkörper im Dienst dessen, was unser Emotionalkörper haben, tun und SEIN will. Wenn du etwas haben oder tun willst, ist es also sinnvoll, dir die Frage zu stellen: „Wenn ich dies habe oder tue, was hilft es mir zu SEIN?" Wenn du aufrichtig mit dir selbst bist, kannst du fühlen, welches SEIN nicht einer vorübergehenden Laune, sondern einem wahren Bedürfnis deines tiefsten Wesens entspricht. Dann wird dieses SEIN ein Ausdruck deines Sinn gebenden Lebenszwecks.

**Das, was wir in unserem Leben haben
und tun wollen, ist dann sinnvoll,
wenn es auf das ausgerichtet ist,
was wir SEIN wollen.**

Auch durch unsere Sprache vermitteln wir, wie wir denken, und beeinflussen damit unser Fühlen und Handeln. Wenn ich zum Beispiel denke: „Ich habe zu wenig Kenntnisse oder Diplome, um dies oder jenes zu tun", erzeugt dieser Gedanke der vermeintlichen Unfähigkeit blockierende Angst, die für die Entwicklung meines Potenziales hinderlich ist. Ich werde aufgrund dieses Gedankenganges mit großer Wahrscheinlichkeit sagen: „Ich gebe dieses Ziel oder Projekt auf (oder fange es gar nicht erst an), denn ich werde nicht fähig sein, es erfolgreich zu Ende zu bringen."

Unsere Sprache trägt auch dazu bei, unsere Verhaltensweisen festzulegen und die Resultate, die wir in unserem Leben erzielen, zu beeinflussen. Sprachlicher Ausdruck ist nicht nur ein Mittel zur Kommunikation, sondern auch ein Ausdruck unserer Gedanken, Wahrnehmungen und Interpretationen. Rückwirkend kann eine bewusste Anwendung der Sprache durch Umformulierung auch unsere Gedanken beeinflussen.

**Innerer und äußerer Freiraum entsteht dann,
wenn wir ihn erschaffen, indem wir uns frei denken,
frei fühlen und danach handeln.
Ein Gedanke ist frei,
wenn er die Angst überwunden hat
und zu Liebe wird.**

Was sind Überzeugungen?

Eine Überzeugung ist das Resultat einer gedanklichen Aktivität, zu welcher sich eine Person infolge einer Erfahrung entschlossen hat. Diese Person ist davon überzeugt, dass ihre Interpretation, welche von ihrer individuellen, subjektiven Wahrnehmung gesteuert wird, der „Wahrheit" entspricht, und sie diese dem zufolge als „wahr" anerkennt.

Die Art und Weise, wie wir ein Ereignis wahrgenommen und interpretiert haben, wird in unserem Mentalkörper als Erinnerung gespeichert und verankert. Aus dieser Erinnerung ziehen wir einen Rückschluss, welcher durch die Intensität der emotionalen Reaktion auf dieses Ereignis zu einer Überzeugung wird, an die wir uns zu glauben entschlossen haben. Dieses Ereignis versuchen wir zu wiederholen, falls wir es mittels der von uns erschaffenen Überzeugung als positiv erachten; oder wir wollen eine Wiederholung dieses Ereignisses verhindern, falls wir es mittels der erschaffenen Überzeugung als negativ erachten und damit vermeiden wollen, die dabei empfundene emotionale Verletzung erneut zu spüren.

Nun gibt es förderliche und nützliche Überzeugungen, die uns darin unterstützen, das zu haben, zu tun und zu sein, was wir in unserem Innersten wollen; und es gibt hinderliche und begrenzende Überzeugungen, die uns daran hindern. Letztere bergen immer Angst vor bereits erlebten emotionalen Verletzungen in sich. Unser Ego versucht, uns davor zu beschützen, indem es sich entscheidet, etwas, das wir durch unsere subjektive Wahrnehmung als „wahr" anerkennen, zu glauben. Dabei löst die Erinnerung an das vergangene Ereignis und dessen emotionale Reaktivierung durch denselben oder ähnliche Auslöser automatisch dieselbe in uns verankerte Denkweise oder Überzeugung aus.

Wenn zum Beispiel ein Kind, das beim Lesen Schwierigkeiten hat, oft von einem oder beiden Elternteilen hört, dass es viel zu zerstreut und unkonzentriert sei und dass es deshalb sein Leben lang Schwierigkeiten haben werde, etwas Neues zu lernen, ist es naheliegend, dass dieses Kind als erwachsener Mensch glauben wird: „Ich habe Schwierigkeiten zu lernen, denn ich bin viel zu zerstreut und unkonzentriert." Sein ganzes Leben lang wird eine selbstkritische Stimme in seinem Kopf ihm davon abraten, seine Wünsche und Ziele verwirklichen zu wollen, um den nun Erwachsenen vermeintlich vor Enttäuschungen zu bewahren. Sein Ego sagt ihm jedes Mal, wenn er etwas Neues lernen will, dass er es besser gar nicht erst versuchen solle, denn er kenne ja schon im Voraus das Resultat, welches für ihn schmerzhafter sei, als auf seine Wünsche, Bedürfnisse und Ziele zu verzichten. Falls nun dieser Mensch sein ganzes Leben lang an seine hinderliche Überzeugung glaubt und deshalb auf das verzichtet, was er sich in seinem Leben wünscht, wird er seine Lebensenergie blockieren und sein vorhandenes Potenzial nicht vollständig verwirklichen. Indem er seiner Überzeugung Glauben schenkt, die er zu seiner Wahrheit ernannt hat, wird er von vornherein eher an sein Versagen als an seinen Erfolg glauben. Was wir jedoch über einen langen Zeitraum denken und mit emotionaler Intensität fühlen, zieht dessen Verwirklichung an. Es ist deshalb sehr wahrscheinlich, dass genau das passieren wird, was dieser Mensch nicht will, aber woran er unbewusst glaubt.

**Es geschieht uns mehrheitlich nicht,
was wir wollen, sondern überwiegend,
was wir – meistens unbewusst – glauben.**

Erst, wenn wir uns unserer hinderlichen Überzeugungen bewusst werden und sie akzeptieren, ohne dass wir dafür andere Menschen anklagen, können wir sie umwandeln und neue, positive Gedankenenergie erzeugen, welche auch neue und positive Resultate in unserem Leben anzieht. Es kann sich erst dann in unserem Leben das Gewünschte konkret ereignen, wenn wir bedingungslos und vertrauensvoll daran zu glauben fähig sind!

**Es gibt nur zwei wesentliche Energien,
die über alle Beweggründe dessen entscheiden,
was wir haben, tun und sind –
die eine Energie ist Liebe, die andere ist Angst.**

Alles, was wir im Leben denken, fühlen und tun, entsteht entweder aus Liebe und Vertrauen oder aus Angst, die aus unserem Ego erwächst. Alles, was wir aus Angst tun, verstärkt gedanklich und emotionell die Energie der Angst und zieht deshalb die Konkretisierung dessen an, wovor wir Angst haben! Viele Menschen entwickeln jedoch Angst als Pseudo-Selbstschutz. Sie glauben oft unbewusst, dass ihre Angst sie davor schütze, dass das, wovor sie Angst hätten, nicht eintreffe. Dies ist jedoch ein schwerwiegender Trugschluss! Je mehr wir unsere Ängste, die immer mit unseren hinderlichen Überzeugungen und emotionalen Verletzungen gekoppelt sind, durch unsere Gedanken und Emotionen nähren, desto mehr Energie führen wir ihnen zu, bis sie sich in der Materie manifestieren. Je mehr wir vor ihnen zu flüchten versuchen, desto häufiger und intensiver denken wir an sie und desto mehr nähren wir sie!

Was ist Ego?

Wir Menschen definieren das, was wir Wahrheit nennen, durch die individuellen Wahrnehmungsfilter unseres Egos. Aufgrund dessen erschaffen wir eine „Weltkarte", die aufzeigt, wie wir die Welt und uns selbst „wahr" nehmen. Diese „Weltkarte" entspricht der Summe unseres Weltbildes mit seinen individuellen Interpretationen und Überzeugungen und ist somit für jeden Menschen individuell verschieden. Deshalb gibt es keine allgemeingültige Wahrheit, denn jeder Mensch hält das, was er sich zu glauben entschlossen hat, für die Wahrheit.

Das Ego stellt dabei die Gesamtheit unserer Gedanken, unserer förderlichen wie hinderlichen Überzeugungen und unserer Persönlichkeit aufgrund dessen, was wir uns zu glauben entschlossen haben, dar. Je mehr wir uns Überzeugungen zurechtlegen und uns von ihnen lenken lassen, je größer wird unser Ego. Unsere Überzeugungen werden zu den vielfältigen Facetten unserer Persönlichkeit. Wären wir fähig, uns ausschließlich förderliche Überzeugungen zu erschaffen, stände unser Ego idealerweise im Dienste unseres Emotionalkörpers und unseres wahren Ichs. Da wir aber meistens unser Ego mit hinderlichen Überzeugungen nähren, räumen wir ihm Platz ein und verstärken so seinen Glauben, sich für unser wahres Ich zu halten. Dies führt zu einer Abspaltung und Verdrängung unseres innersten Wesenskerns.

In diesem Falle wird ein Mensch durch sein Ego „fehlgeleitet", obwohl sein Ego eine vermeintlich positive Absicht verfolgt. So übergibt der Mensch, dessen Wesenskern der Meister seines Lebens sein sollte, seinem „Diener Ego" den Auftrag und die Macht zu entscheiden, was der Diener für den Meister als gut befindet. Mit der Zeit wird der Meister von den Ängsten und hinderlichen Überzeugungen seines Egos unbewusst völlig manipuliert. Falls wir unserem Ego und unseren hinderlichen Überzeugungen die Macht übergeben, können wir jedoch unsere Probleme nicht lösen, denn unser übersteigertes Ego ist das Hauptproblem! Fixe Ideen und hinderliche Überzeugungen, welche wir ein Leben lang genährt haben, indem wir an sie glauben, ohne ihren Sinn zu hinterfragen, können so machtvoll werden, dass sie unsere Persönlichkeit verändern und beherrschen können. Wenn wir diese verschiedenen Aspekte unserer Persönlichkeit durch unsere Denkweise und hinderlichen, angstvollen Überzeugungen nähren, fördern wir ihre Macht über unser innerstes Wesen. Die daraus möglicherweise entstandenen multiplen Persönlichkeiten entwickeln ein Eigenleben, und je weiter unser Ego uns von unserem tiefsten liebesfähigen Wesenskern entfernt, desto mehr Macht bekommen diese multiplen Persönlichkeiten in uns, bis sie in schwerwiegenden Fällen zu psychischen Krankheiten führen können.

Wenn unser Ego unser Leben bestimmt, hören wir nicht mehr auf unsere wahren Bedürfnisse und leben nicht in der Gegenwart, da unser Ego die Bedürfnisse unseres innersten Wesens im Hier und Jetzt nicht kennt. Es orientiert sich entweder an der Vergangenheit, an welche es uns durch ein unsichtbares Band fesselt, oder es blockiert uns so mit Zukunftsängsten, dass wir die Gegenwart nicht bereichernd erleben können. Unser Ego reagiert wie ein Computer, der gespeicherte Daten wiedergibt, ohne fähig zu sein, den Unterschied zwischen förderlichen oder hinderlichen Überzeugungen zu kennen; eben so wenig, wie es zwischen wirklichen und unwirklichen (eingebildeten) Ängsten unterscheiden kann. Das Ego nimmt alles an, was du dich zu glauben entschieden hast, ob dies nun für dich nützlich ist oder nicht.

Gekränkter Stolz entsteht aus verletztem Ego. Dieser Teil in uns ist es, der uns hindert, etwas zu akzeptieren, mit dem wir nicht einverstanden sind und das wir mental oder emotional nicht verstehen können. Er äußert sich unter anderem durch einen Menschen, der eine übersteigerte Meinung von seiner eigenen Wichtigkeit hat. Ein verletztes Ego verhärtet das Herz, was eines der größten Übel der Menschheit ist. Gekränkter Stolz lässt Menschen Unfrieden säen und Kriege beginnen, erzeugt Hass und verstärkt die Liebesunfähigkeit. Dabei entspringt gekränkter Stolz immer bewusster oder unbewusster Angst, nicht geliebt zu werden! So wie Hass ein Ausdruck eines nicht erwiderten Liebesbedürfnisses ist, so ist gekränkter Stolz auch ein Ausdruck mangelnden Selbstvertrauens und mangelnder Liebesfähigkeit. Ein überdimensioniertes Ego kann sogar jegliche Entwicklung von Mitgefühl, Wohlwollen, Liebesfähigkeit, Akzeptanz, Loslassen und Verzeihen unterbinden.

Wir wissen in der Zwischenzeit, dass jemand nur in dem Maße von anderen anerkannt werden kann, in welchem er sich selbst und andere anerkennt. Deshalb sind Menschen, die sich von ihrem gekränkten Stolz und verletzten Ego leiten lassen oder sogar von ihm besessen sind, oft sehr unglücklich und verbittert. Gekränkter Stolz hindert uns ebenfalls daran, objektiv zu sein und Situationen und Menschen so zu akzeptieren, wie sie sind. Je mehr ein Mensch seinen gekränkten Stolz und sein Ego durch eine anklagende Denkweise nährt, desto machtvoller wird sein Ego über ihn und mit ihm die Angst, nicht geliebt zu werden. Je mehr wir jedoch einer Angst durch unser Denken, Fühlen und Handeln Energie zuführen, umso mehr verstärken wir sie und ziehen schlussendlich die Konkretisierung dessen an, wovor wir uns am meisten fürchten! Je mehr also eine Person ihrem gekränkten Stolz und somit ihrem Ego Macht über sich gibt, desto weniger wird sie von anderen geliebt und umso mehr wird sie von anderen zurückgewiesen werden. Diese Zurückweisung ist ein Spiegel der eigenen Zurückweisung, die dieser Mensch sich selbst gegenüber antut, da er meist unbewusst glaubt, nicht liebenswert zu sein.

Wie können wir nun aber unser übermäßiges Ego wieder schrittweise in seine ursprünglich sinnvolle Rolle zurückführen? Indem wir akzeptieren, dass wir selbst unser Ego aufgebaut haben, weil ein Teil von uns glaubte, es beschütze uns vor emotionalen Verletzungen und Ängsten! Erst wenn wir unser Ego akzeptieren und seine positive Absicht anerkennen, können wir beginnen, diesen Teil von uns umzuwandeln und zu verändern.

Erinnere dich daran, dass du nichts ändern kannst, bevor du es nicht mit deinem Herzen akzeptiert hast!

Dazu gehört auch die Akzeptanz deines eigenen Egos, welches dir zwar zu helfen glaubte, dessen Hilfe du aber heute in seiner vergangenen Form nicht mehr brauchst. Wenn du dein Ego mit seiner vermeintlichen Hilfeleistung anerkennst, dann wird dein Ego auch bereit sein, langsam deinem inneren Wesen mehr Raum zu überlassen und dir damit die Möglichkeit geben, dein wirkliches Ich zu entfalten. Dies ist etwa so, wie wenn du einem alten Freund oder einer alten Freundin aufrichtig dankbar für seine oder ihre Ratschläge bist, welche aber heute keine Nützlichkeit mehr für dich haben. So führst du dein Ego liebevoll und behutsam zurück an seinen Platz, indem du es als deinen „Diener" wieder in den Dienst seines „Meisters" stellst, nämlich deinem wahren, innersten Wesen.

Denken wir also daran, wenn unser Ego mit seinen festgefahrenen Überzeugungen und seinem verletzten Stolz Überhand nehmen will, dass es nicht unser ganzes Wesen, sondern nur einen Teil davon ausmacht. Vergessen wir nie, dass wir spirituellen Ursprungs sind und sich unsere Seele nach bedingungsloser Liebesfähigkeit sehnt.

Damit du dir einer hinderlichen Überzeugung und der damit verbundenen Angst in Zusammenhang mit einer emotionalen Verletzung bewusst werden kannst, ist folgende Methode von Lise Bourbeau aus der Basislehre „Höre auf Deinen Körper" nützlich:

Bewusstwerdung einer hinderlichen Überzeugung

1. *Nimm ein Blatt Papier und schreibe auf, was dein Problem ist.*
2. *Was hindert dich, dieses Problem zu haben und zu tun?*
   Die Antwort darauf enthüllt deinen blockierten emotionalen Wunsch
3. *Was hindert dich, dieses Problem zu sein?*
   Die Antwort darauf enthüllt dein blockiertes emotionales Bedürfnis
4. *Wenn du dir das Recht geben würdest, das unter Punkt 3 Geschriebene zu sein, was könnte dir dann Unangenehmes passieren? Wessen würdest du dich selbst beschuldigen? Wessen würden dich andere Menschen beschuldigen? Was wäre das Schlimmste, das dir passieren könnte?*
   Die Antwort darauf enthüllt deine Angst
5. *Werde dir bewusst, dass du glaubst, (Antwort zu Punkt 3) … zu sein, für dich bedeutet, (Antwort zu Punkt 4) … zu sein*
   Dies ist deine aktuelle hinderliche Überzeugung (mentale Blockade)
6. *Stelle nun die Verbindung zu deiner emotionalen Verletzung her: Wie fühlst du dich, wenn du … (Antwort zu Punkt 4) wärst?*
7. *Mit welchem Elternteil oder welcher Person desselben Geschlechtes wie dieser Elternteil kannst du eine Verbindung herstellen?*
8. *Umwandlung:*
   Ist diese Überzeugung für die Person, die du heute bist, noch gültig? Willst du weiterhin an sie glauben? Falls ja, akzeptiere, dass du sie noch brauchst, da du noch an ihren „Pseudoschutz" glaubst und deine Angst vor emotionaler Verletzung vorläufig stärker als dein Wunsch ist, diese Überzeugung zu verändern. Falls du mit Nein antwortest, wähle eine neue Überzeugung, die deiner veränderten Wahrnehmung entspricht, indem du eine neue, positive Gleichung erstellst und sie gedanklich und gefühlsmäßig intensiv nährst.

9. *Neue, förderliche Überzeugung:*
   Ab jetzt entscheide ich mich, zu glauben, dass ... zu sein (Antwort
   unter Punkt 3) = ... (neue, positive Antwort anhand des Ge-
   fühls, das du empfindest, wenn du dir das Recht gibst, das, was
   du unter Antwort 3 geschrieben hast, auch zu sein).

Umwandlung einer
hinderlichen Überzeugung

☆ Ich frage mich: Will ich als die Person, die ich heute bin, weiterhin an diese Überzeugung glauben? Gebe ich mir das Recht, anders zu denken, auch wenn diese neue Denkweise nicht meiner Erziehung, meinen Eltern, meiner Familie, meiner Umwelt entspricht?

☆ Ich akzeptiere die Antwort, und ich bedanke mich bei meinem Ego, das diese Überzeugung erschaffen hat, weil es glaubte, mich so vor emotionalen Verletzungen und Ängsten bewahren zu können. Ich versichere meinem Ego, dass ich diese Überzeugung als Pseudoschutz nicht mehr brauche; und dass es mir ganz und gar vertrauen kann, dass meine neue Überzeugung nützlich ist, um das zu haben, zu tun und zu sein, was ich in meinem tiefsten Inneren will.

☆ Erst wenn ich meine „alte" Überzeugung akzeptiert habe, kann sie zu einer Erinnerung werden, die keinen hinderlichen Einfluss mehr auf mich hat. Ich akzeptiere, dass ich eine alte, hinderliche Überzeugung nur dann gegen eine neue, förderliche umwandeln kann, wenn ich dabei die positive Absicht meines Egos anerkenne.

☆ Ich denke, fühle und handle aufgrund meiner neuen Überzeugung. Ich nähre und festige sie, indem ich sie mir jeden Tag mehrmals laut vor dem Spiegel wiederhole. Ich halte sie handschriftlich fest.

☆ Ich akzeptiere, dass ich, falls meine alte Überzeugung wieder hervortritt, noch Angst vor erneuten emotionalen Verletzungen habe. Ich erinnere mich daran, dass meine alte Überzeugung wie eine alte Freundin ist, die mir in der Vergangenheit Ratschläge gab, die mir aber heute nicht mehr von Nutzen sind.

☆ Manchmal ist der Sprung von einer hinderlichen zu einer förderlichen Überzeugung für unser Ego zu groß. Es kann deshalb sinnvoll sein, sich kleine „Etappenziele" zu setzen, das heißt, seine Denkweise und die daraus resultierenden Handlungen in kleinen, akzeptablen Schritten zu ändern.

☆ Ich bin mir bewusst, dass ich meine Angst noch verstärke, wenn ich sie gedanklich und emotional nähre und ihr somit Macht über mich gebe. Je mehr ich meiner Angst gedankliche und emotionale Energie zufüge, umso mehr ziehe ich wie ein Magnet die Verwirklichung dessen an, wovor ich Angst habe.

☆ Ich kann meinen Mentalkörper mit einem Garten vergleichen, in dem ich nicht nur Blumen, sondern auch gedankliches Unkraut habe wachsen lassen. Ich behandle mein eigenes Gedanken-Unkraut, indem ich nicht förderliche Überzeugungen wohlwollend erkenne und gewillt bin, sie umzuwandeln.

☆ Ich arbeite an meinem Selbstvertrauen, am Vertrauen in andere Menschen und ins Leben. Ich weiß, dass Vertrauen das Heilmittel gegen jegliche Form von Angst ist, und dass jede hinderliche Überzeugung Angst vor emotionaler Verletzung beinhaltet.

Kosmische und spirituelle Gesetze

Wir alle werden von physikalischen, kosmischen und spirituellen Gesetzen auf den verschiedensten Ebenen unseres menschlichen Daseins beeinflusst.

Ein physikalisches Gesetz besagt, dass wir Weizen ernten, wenn wir Weizen gesät haben. Diese Tatsache erscheint uns zwar auf physikalischer Ebene logisch, wird aber, auf die spirituellen Gesetze übertragen, vom menschlichen Ego nicht als selbstverständlich akzeptiert.

Kosmische Gesetze beziehen sich auf das gesamte Universum. Ein Beispiel eines kosmischen Gesetzes ist das Gravitationsgesetz, das auch dann in Kraft tritt, wenn wir nicht daran glauben; ebenso wie sich die Erde unaufhörlich um ihre eigene Achse und um die Sonne dreht.

Die spirituellen Gesetze sind noch weitreichender. Sie betreffen die tiefen Zusammenhänge der menschlichen Existenz und im Besonderen den Sinn unseres Lebens. Wie kosmische Gesetze sind sie auch dann absolut, wenn wir nicht an sie glauben.

Zu den kosmischen und spirituellen Gesetzen gehören unter anderem:

☆ Das Gesetz der Anziehung
☆ Das Gesetz von Ursache und Wirkung
☆ Das Gesetz der spirituellen Eigenverantwortung
☆ Das Gesetz der bedingungslosen Liebe
☆ Das Gesetz des Verzeihens
☆ Das Gesetz der Wiedergeburt

Das spirituelle Gesetz der Anziehung

Auf physikalischer Ebene besagt das Gesetz der Anziehung, dass diese durch eine magnetische Kraft erzeugt wird, durch welche ein Körper von einem anderen angezogen wird. Wir alle wissen, dass physische Körper automatisch vom Erdboden angezogen werden und dies unabhängig davon, ob wir daran glauben oder nicht. Das Gesetz der Anziehung regiert ebenfalls unser Planetensystem sowie das gesamte Universum.

Auf metaphysischer und spiritueller Ebene kann das Gesetz der Anziehung auch auf unsere Seele übertragen werden. Bereits vor unserer Geburt wird unsere Seele mit ihrem Lebensplan verknüpft und zieht diejenigen Lebensumstände an, auf derer konkreter Basis sie ihren Lebensplan zu erfüllen sucht, damit sie einst als immaterielles Lichtwesen in die höchste Bewusstseinsebene zurückfinden kann. So wie eine Pflanze, die sich automatisch zum Sonnenlicht hinwendet, um wachsen und sich entfalten zu können, so fühlt sich auch unsere Seele zu der Erfüllung ihres spirituellen Lebensplanes angezogen.

Diese Anziehung findet bereits vor der Empfängnis statt, wenn eine Seele aufgrund ihres Lebensplanes zu denjenigen Eltern hingezogen wird, mit welchen sie die besten Voraussetzungen hat, das zu lernen, wofür sie auf die Welt gekommen ist. Das ist natürlich ein harter Schlag für das Ego, das sich, um seiner spirituellen Eigenverantwortung zu entkommen, am Glauben festhalten will, weder seine Eltern noch seine Lebensumstände ausgesucht zu haben.

Das Gesetz der Anziehung gilt ebenfalls für unseren Mental- und Emotionalkörper. Jeder Gedanke zieht wie ein Magnet einen anderen Gedanken mit derselben energetischen Schwingung exponentiell an, da jeder Gedanke und die damit verbundene emotionale Intensität eine Energiefrequenz erzeugen. Damit wird eine elementare „Denkform" erschaffen und genährt, welche die immaterielle Verdichtung unserer Gedanken, Wünsche, Bedürfnisse und Ziele darstellt, bis diese immer dichter werdende energetisch gebündelte „Denkform" schlussendlich konkret als Form in der Materie in Erscheinung tritt. Alles, was je von Menschenhand erschaffen wurde, war zuerst eine Idee, eine aus Energie bestehende „Denkform".

Erinnerst du dich an Paolo Coelhos Buch „Der Alchimist", in welchem steht, dass, wenn du dir etwas aus tiefstem Herzen wünschst, das ganze Universum dazu beiträgt, dass es in Erfüllung geht? Ich möchte dem hinzufügen, dass nicht nur der brennende Wunsch, sondern auch der absolute Glaube und das unerschütterliche Vertrauen an dessen Verwirklichung dazu beitragen. Je gefühlsmäßig intensiver der Wunsch und je unerschütterlicher der Glaube an seine Verwirklichung ist, umso mehr Energie bindet die elementare „Denkform" an sich.

Du kannst dir einen Sender und einen Empfänger vorstellen, wobei jeder Mensch Sender und Empfänger ist. Aufgrund des spirituellen Gesetzes der Anziehung ziehen wir deshalb auch Menschen an, die auf derselben Energiefrequenz wie wir schwingen und mit welchen wir in energetischer Resonanz stehen.

Jeder Gedanke und die damit verbundene Empfindung erzeugen und senden eine gewisse Energiefrequenz von unterschiedlicher Intensität aus. Denken wir einen Gedanken oft, intensiv, voller Überzeugung und über einen konstanten Zeitraum hinweg, dann verstärken wir diese Energiefrequenz und verdichten somit die dabei entstandene Energie. Je mehr sich Energie verdichtet, desto kraftvoller zieht sie andere, ihrer Schwingungsfrequenz entsprechende Energieformen an. Dabei ist es von entscheidender Bedeutung, welche Energiefrequenz unsere Gedanken, Empfindungen und Handlungen erzeugen. Ist dies eine Energie der Liebe, des Vertrauens, der Güte, des Wohlwollens? Oder ist es eine Energie des Misstrauens, der Verzweiflung, der Vergeltung, der Anklage? Es sei an dieser

Stelle nochmals daran erinnert, dass jeder unserer Gedanken, jede unserer Empfindungen und unserer Handlungen eine Konkretisierung unserer ursprünglichen Absicht an sich ziehen!

Unsere Gedanken erzeugen diejenige Energie, welche die konkreten Geschehnisse unseres Lebens beeinflusst!

Natürlich ist es menschlich, dass wir auch negative Gedanken entstehen lassen, und dadurch Emotionen der Angst, des Zweifels, der Traurigkeit und der Wut empfinden. Wichtig ist, dass wir Eigenverantwortung für ihre Entstehung übernehmen und dass wir uns bewusst sind, dass wir alleine die Macht besitzen, unsere Gedanken und Emotionen „umzupolen". Nur wenn das Energiebündel positiver Gedankenenergie, welches auf einer höheren Frequenz schwingt, größer als dasjenige negativer Gedankenenergie ist, welches auf einer niedrigeren Frequenz schwingt, findet eine positive Veränderung des energetischen Zustandes statt. Unserer Entscheidung obliegt es, die durch uns selbst entstandene „Negativenergie" nicht nur zu neutralisieren, sondern in „Positivenergie" umzuwandeln, indem wir unsere Gedanken und Empfindungen von Liebe, Vertrauen, Hoffnung, Dankbarkeit und Glauben durchdringen lassen. Damit heben wir unsere Energie auf eine höhere Energiefrequenz. Es wird dich, lieber Leser und liebe Leserin, sicherlich nicht erstaunen, dass bedingungslose Liebe auf der höchsten Energiefrequenz schwingt.

Das Wissen um die schöpferische Macht der Gedanken wurde (und wird immer noch) von der gesellschaftlichen und wirtschaftlichen Elite viele Jahrhunderte lang als gut gehütetes Geheimnis bewahrt. Die meisten von ihnen kannten das Gesetz der Anziehung und wussten, wie sie es für sich und die Verwirklichung Ihrer Ziele zunutze machen konnten. Viele Bruderschaften oder Geheimbünde wussten nicht nur um dieses kosmische und spirituelle Gesetz, sie setzten es auch ganz gezielt und bewusst für die Förderung und Verwirklichung ihrer Vorhaben ein.

Solange wir unsere Eigenverantwortung ablehnen und andere Menschen, das Schicksal oder das „ungerechte" Leben für unsere Lebenssituation und erlittenen Schicksalsschläge verantwortlich machen, so lange werden wir immer wieder, wenn gleich auch in verschiedenen Formen, dieselben energetischen Bedingungen anziehen, welche bisher die Basis für unser Leben waren. Sobald wir aber bereit sind, unsere Opferrolle aufzugeben, können wir damit beginnen, unsere eigene schöpferische Macht bewusst anzuerkennen. Indem wir uns bewusst werden, welche Energie wir selbst erzeugt haben, erkennen wir die Bedeutung, die mittels der Spiegelresonanz durch andere Menschen oder durch Lebensumstände zu uns zurückgespiegelt wird. So können wir die Grundlage schaffen, unsere Schwierigkeiten und Probleme konkret umzuwandeln, indem wir unsere Geisteshaltung, unsere Denkweise und die damit verbundenen Emotionen energetisch positiv verändern.

**Das spirituelle Gesetz der Anziehung besagt,
dass wir wie ein Magnet diejenigen Menschen
und Situation anziehen,
welche mit unserer gedanklichen und
emotionalen Energiefrequenz übereinstimmen.**

Das spirituelle Gesetz
von Ursache und Wirkung

Jeder unserer Gedanken, jedes unserer Worte, jede unserer Emotionen und unserer Handlungen stellen eine Ursache dar, welche eine rückbezügliche Wirkung erzeugt. Sagen wir nicht: „Du erntest, was du säst"? Indem wir unsere Ernte als Resultat unserer Saat akzeptieren, werden wir zu eigenverantwortlichen Menschen. Zugleich werden wir uns auch der Macht bewusst, Meister unseres eigenen Lebens zu sein und unser Leben sinnvoll zu gestalten. Deshalb ist es sinnvoll, sich in jeder bedeutenden Lebenssituation zu fragen: „Welche Energie habe ich durch meine Gedanken, Emotionen und Handlungen erschaffen, also ‚gesät', um dieses konkrete Resultat anzuziehen, also ‚zu ernten'?"

Für diejenigen Leser, die an Wiedergeburt glauben, sei an dieser Stelle gesagt, dass sich das Gesetz von Ursache und Wirkung auch auf vergangene Leben bezieht. Der Glaube an Wiedergeburt hat jedoch nicht die Absicht, Schuldgefühle zu erzeugen, sondern uns zu lehren, verantwortungsvoll und bewusst mit den von uns erschaffenen Ursachen umzugehen. Das spirituelle Gesetz von Ursache und Wirkung gilt übrigens auch als das spirituelle Gesetz göttlicher Gerechtigkeit.

Damit wir fähig werden, alle unsere Erfahrungen zu akzeptieren, ernten wir, was wir gesät haben anhand unserer zugrunde liegenden Absicht. Liegt unsere Absicht im Erlernen von Liebesfähigkeit oder ist sie von Angst geleitet? Erinnern wir uns an dieser Stelle daran, dass wir alles, was wir im Leben tun, entweder aus Liebe (Vertrauen, Wohlwollen, Güte, Respekt, Anerkennung, Verzeihen), oder aus Angst (Anklage, Hass, Verurteilung, Flucht, Angriff, Aggression) tun.

Wenn du dir deiner Saat bewusst werden willst, sieh dir deine Ernte an. Lebst du ein gesundes, glückliches, erfolgreiches, vertrauens- und liebevolles Leben? Falls ja, sind deine innere Geisteshaltung, deine Gedanken und Gefühle „herzensintelligent". Falls nein, wird dein Leben von deinem Ego geleitet, das heißt, von deinen hinderlichen Überzeugungen, Ängsten und Schuldgefühlen statt von deinem Herzen. Deshalb ist es auch so schwierig, dich selbst und das, was du in deinem Leben erschaffen hast, zu akzeptieren. Sei dir bewusst, dass deine Zukunft vom Heute abhängt und du deine Zukunft jeden Tag neu aufgrund deiner Gedanken und Handlungen erschaffst.

Das universelle Gesetz von Ursache und Wirkung besagt, dass jede Ursache eine Wirkung erzeugt, und dass jede Tat (Aktion) eine Gegenwirkung (Reaktion) basierend auf der ihr zugrunde liegenden Absicht hervorruft.

Was wir Schicksal, Zufall oder Chance nennen, ist verbunden mit unserer Denkweise, unseren hinderlichen oder förderlichen Überzeugungen. Es entsteht aus vielfältigen Ursachen, welche wir Menschen in diesem und/oder in vergangenen Leben durch die ihnen zugrunde liegende Absicht selbst erschaffen haben.

DRITTER TEIL

Über die Selbstverwirklichung

Was ist Selbstverwirklichung?

Selbstverwirklichung ist die Erfüllung unserer Wünsche, Bedürfnisse und Ziele, das zu haben, zu tun und zu SEIN, was wir wollen. Erinnerst du dich noch an die essenzielle Frage, die lautet: „Was hilft mir die Verwirklichung dieses Wunsches oder Bedürfnisses zu SEIN?" Macht mich dessen Verwirklichung (mein erreichtes Ziel) zu einem glücklicheren, erfüllteren und liebevolleren Menschen? Sich sein Leben glücklich zu erschaffen und sich selbst verwirklichen zu können bedingt demzufolge, es auf den wahren Bedürfnissen seines SEINS aufzubauen.

Wie wir schon gesehen haben, besteht unser gegenwärtiges Leben aus der konkreten Manifestation der Energie, die wir durch die Qualität unserer Gedanken, Gefühle und den daraus resultierenden Handlungen erschaffen haben. Deshalb ist es auch für unsere Selbstverwirklichung sehr wichtig, dass wir uns unserer hinderlichen Überzeugungen bewusst werden und sie in nützliche umwandeln. Wenn wir das nicht tun, erzeugen wir ein Spannungsfeld zwischen dem angstvollen Denken unseres Mentalkörpers und dem wunschreichen Empfinden unseres Emotionalkörpers. Dieses Spannungsfeld blockiert unsere Lebensenergie, lässt uns unzufrieden, frustriert, resigniert oder sogar krank werden, sodass wir unsere Träume und Lebensziele aufgeben, um uns mit einem Leben zufriedenzugeben, das weit unter unserem Selbstverwirklichungspotenzial liegt! Seien wir uns deshalb bewusst, dass die Erreichung unserer Lebensziele nicht nur davon abhängt, was sich unser Emotionalkörper wünscht, sondern vor allem von dem, was unser Mentalkörper glaubt.

Alles, was sich der menschliche Geist vorstellen und an das er vertrauensvoll und unerschütterlich glauben kann, vermag er auch zu verwirklichen!

Ich bestaune die Unbegrenztheit des menschlichen Geistes. Wir nützen meist nur einen unbedeutend kleinen Teil unseres Potenzials aus. Wären wir uns alle der schöpferischen Kraft und Macht unserer Gedanken bewusst und könnten sie gezielt einsetzen – wie sähe unsere Welt dann aus?

Kennst du den Spruch: „Sei vorsichtig, was du dir wünschst, denn es könnte in Erfüllung gehen"? In der Tat haben wir nämlich oft unbewusst mehr Angst vor unserer inneren Macht und unserer eigenen Schöpferkraft, als wir ahnen! Wenn wir lernen würden, die Kraft unserer Gedanken dazu zu benutzen, das zu erschaffen, was wir in unserem innersten Wesenskern SEIN wollen, dann könnte uns niemand mehr mit geschickt suggerierten Ängsten beeinflussen und unsere Bedürfnisse manipulieren; dann könnten wir aber auch niemand anderen als uns selbst für unser Leben verantwortlich machen! Wie viele von uns wären bereit, die volle Verantwortung für ihr Leben zu übernehmen und ihr Wissen und ihre Schöpferkraft zum Wohle der Menschheit einzusetzen?

Ich habe als Flugbegleiterin ein Projekt in Indien unterstützt, das Straßenkindern die Möglichkeit zu einer schulischen Ausbildung gab. Der kaum zehnjährige Naidu unterschied sich schon damals maßgeblich von anderen Kindern; nicht nur durch seine intellektuellen Fähigkeiten, sondern vor allem durch die ungeheure Kraft seines Wunsches und seines Glaubens, trotz widriger Lebensumstände sein Ziel, Arzt zu werden, zu erreichen. Wir, als Mitglieder dieses Projektes, haben ihn über Jahre hinweg begleitet und unterstützt, weil wir genau so fest an ihn glaubten wie er an sich selbst. Naidu ist heute ein angesehener Chirurg und glücklicher Familienvater, und seine Geschichte erfüllt mich mit großer Freude und Genugtuung.

Grundlegend hat jeder Mensch die Möglichkeit, sich selbst ein erfülltes Leben zu erschaffen, durch welches er sich selbst entfalten und verwirklichen kann. Wie sonst wäre es möglich gewesen, dass ein elternloses Straßenkind im Slum des damaligen Bombay durch die ungebrochene Kraft seines brennenden Wunsches, Arzt zu werden, und durch den unerschütterlichen Glauben an dessen mögliche Verwirklichung Umstände an sich ziehen konnte, welche die Verwirklichung seines Traumes „wie ein Wunder" möglich machten? War das einfach nur „Zufall"? War das einfach nur Glück, das einem einzigen unter Millionen Menschen willkürlich zufällt? Auch wenn Naidu nicht wusste, wie sein Lebenstraum Wirklichkeit werden konnte, und alle äußeren Umstände gegen die Verwirklichung seines Herzenswunsches sprachen, hatte er dennoch seine Schöpferkraft dafür eingesetzt, sein Ziel regelmäßig und über einen langen Zeitraum gedanklich zu nähren und unerschütterlich daran zu glauben. Was für andere naiv und weltfremd erschien, wurde für ihn zu einer in die Zukunft projizierten Wirklichkeit, an deren Verwirklichung er zweifelslos in seinem Herzen glaubte.

Die meisten Menschen wollen sich nicht nur selbst verwirklichen, sondern auch ein materiell und gesellschaftlich erfolgreiches Leben führen. Es gibt jedoch zwei Stufen des Erfolgs. Die erste Stufe des Erfolgs ist mehrheitlich auf materielle Werte ausgerichtet, auf unsere persönlichen und beruflichen Resultate, auf materiellen Wohlstand und unser Bedürfnis nach Sicherheit und Anerkennung. Die Verwirklichung unserer Wünsche und Ziele auf dieser Ebene ist mehrheitlich auf individuelles Haben und Tun konzentriert.

Wenn wir allerdings Selbstverwirklichung und Erfolg ausschließlich mittels unserer Diplome, unseres Kontostandes, des Autos, das wir (oder unser Chauffeur) fahren, des Hauses, das wir besitzen, und der Attraktivität unseres Partners definieren, dann beschränken wir uns selbst. Wenn wir Selbstverwirklichung mehrheitlich durch auf materieller Ebene erreichten Erfolg suchen, vergrößern wir damit die Macht unseres Egos und erzeugen Stress durch Erwartungs- und Leistungsdruck. In der Folge davon vergleichen wir uns stets mit anderen, in unseren Augen noch erfolgreicheren Personen, entwickeln einen übersteigerten Stolz und schätzen unseren Selbstwert vornehmlich danach ein, was wir haben und tun. Sollten wir in materiellen Bereichen Verluste erzielen, werden wir an uns zweifeln und unser Selbstwertgefühl und Selbstvertrauen teilweise oder ganz verlieren. Damit soll jedoch nicht verstanden werden, dass Selbstverwirklichung auf materieller Ebene nicht sinnvoll sei – ich möchte nur darauf hinweisen, dass sie eine Begrenzung in sich trägt, wenn sie die Bedürfnisse des wahren SEINS nicht miteinbezieht.

Die zweite Stufe der Selbstverwirklichung bezieht die materielle Ebene mit ein, geht jedoch noch über diese hinaus, da sie in enger Verbindung mit unserem innersten Wesen, unserem SEIN, unserer Individualität und unserer persönlichen sowie spirituellen Entwicklung steht. Ein Streben danach öffnet uns für den Sinn unserer Existenz, unseres Lebensplans und unseres Seelenauftrages. Auf dieser Stufe bedeutet Selbstverwirklichung, seinem Leben einen tieferen Sinn zu geben, der über persönliche Wünsche und ausschließlich auf sich selbst bezogene Bedürfnisse hinausreicht, indem es über unser eigenes, individuell verstandenes Leben für eine Gemeinschaft von Menschen nutz- und sinnvoll werden kann. Wenn wir bewusst nach dieser Art von Selbstverwirklichung streben, werden uns die Bedürfnisse unseres innersten, tiefsten Wesens durch unseren Emotionalkörper mittels unserer Gefühle offenbart. Das bedeutet, dass wir fähig sind zu FÜHLEN, was für uns sinnvoll ist, um uns als spirituelle Wesen weiter zu entwickeln und zu wachsen; um zu lernen, uns selbst und andere Menschen bedingungslos zu lieben und unser menschliches Potenzial in den Dienst unseres Lebenszwecks zu stellen. Dies bringt wahre, bereichernde Erfüllung mit sich; nicht nur das Gefühl der Existenzberechtigung, sondern auch ein unbeschreibliches Glücksgefühl der Seele durch das Erfahren und Erfühlen des tieferen Sinnes unseres Lebens, welches uns Menschen alle miteinander verbindet.

Selbstverwirklichung basiert ebenfalls auf Selbsterkenntnis, denn nur, wer sich selbst kennt, kann sich selbst verwirklichen und den Mut aufbringen, sich selbst zu sein und zu seiner Individualität zu stehen. Mut zu haben bedeutet, dass wir akzeptieren, Ängste zu haben, dass jedoch das Vertrauen in uns selbst, in andere Menschen und in das Leben größer als unsere Ängste ist. Gibt es jedoch nicht Millionen von Menschen, die aus Angst vor vergangenen und nicht überwundenen oder vor zukünftig erwarteten Enttäuschungen den Schritt zur Selbstentfaltung gar nicht erst wagen und deshalb vom Leben genau so wenig erhalten, wie sie von ihm erwarten? Um festzustellen, wie es um deine Selbstverwirklichung steht, kannst du dir folgende Frage stellen: „Auf was wäre ich in positivem Sinne stolz, wenn ich heute am Ende meines Lebens angelangt wäre? Wäre ich nicht nur auf das stolz, was ich an Besitz angehäuft und was ich getan habe, sondern vor allem auf den Menschen, der ich bin? Habe ich ehrlichen Herzens versucht, der bestmöglichste Mensch zu SEIN, welcher ich sein konnte? Habe ich mich in Akzeptanz, Loslassen, Verzeihen und bedingungsloser Liebe geübt? Habe ich versucht, Liebe in mir und um mich herum zu säen, mich selbst zu verwirklichen und mein Potenzial voll auszuschöpfen, um damit mein Leben und dasjenige anderer Menschen zu bereichern?" Wenn du diese Frage mit „Ja" beantworten kannst, weil du dein Bestmöglichstes gegeben hast (und nicht etwa, weil du glaubst, „perfekt" sein zu müssen), wird deine Seele an deinem Lebensende so viel Liebe, Freude, Dankbarkeit und Erfüllung mitnehmen, wie du während deines Lebens in dir gesät und mit anderen Menschen geteilt hast.

Definiere deine Ziele

Ein Wunsch, der aus dem Emotionalkörper entsteht, wird dann zum Ziel, wenn der Mentalkörper diesen Wunsch akzeptiert und an seine Verwirklichung glauben kann. Unser Emotionalkörper ist dann erfüllt, wenn wir mindestens ein kurz-, ein mittel- und ein langfristiges Ziel haben.

Du weißt ja nun, dass dein Recht auf deine eigenen Wünsche und Bedürfnisse nicht Egoismus, sondern Selbstliebe ist. Du hast auch verstanden, dass du nur durch ein offenes Herz für dich selbst die wahren Bedürfnisse deines Emotionalkörpers wahrnehmen, das heißt fühlen kannst. Es gibt so viele Menschen, die gar nicht (mehr) wissen, was sie wollen und welche Ziele sie erreichen möchten, da sie sich das Recht auf eigene Bedürfnisse nicht (mehr) zugestehen. Oder sie haben aus Angst vor Enttäuschungen und Niederlagen resigniert, welche durch Selbstkritik und die befürchtete Kritik anderer noch verstärkt werden. Sind wir uns eigentlich bewusst, dass wir die meiste Zeit an das denken, was wir nicht wollen? Und wie viel Macht wir damit dem geben, was wir nicht wollen, statt unsere gedankliche Energie auf das zu konzentrieren, was wir wirklich wollen?

Um uns selbst verwirklichen zu können, müssen wir bereit sein, zur Tat zu schreiten und Entscheidungen zu treffen, die mit Veränderungen einhergehen. Wann immer wir den Jetzt-Zustand ändern, erschaffen wir Veränderung und akzeptieren somit das Unbekannte, was vielen Menschen Angst macht. Sie glauben meist unbewusst, es sei besser, in einem ungewollten Ist-Zustand zu verharren, da sie mit ihm umzugehen gelernt haben, als sich den Ängsten vor einer Veränderung zu stellen. Wenn wir allerdings unsere Wünsche und Bedürfnisse erkannt, die daraus resultierenden Ziele definiert haben und zu den Konsequenzen, welche eine Veränderung mit sich bringt, bereit sind, können wir Entscheidungen treffen, welche den ersten konkreten Schritt zu deren Verwirklichung darstellen.

Es ist sinnvoller, ein großes Ziel um wenig zu verfehlen, als sich gar keine großen Ziele zu setzen. Wer sich aus Angst und hinderlichen Überzeugungen nur mit dem kleinstmöglichsten Risiko und dem in seiner „Komfortzone" Liegenden begnügt, wird irgendwann das Gefühl haben, sein Leben nicht wirklich gelebt, und sein Potenzial nicht voll ausgeschöpft zu haben. Dabei ist es jedoch sinnvoll, seine momentanen Grenzen zu respektieren und an seiner Persönlichkeitsentwicklung im Wissen weiterzuarbeiten, dass sich dadurch auch Begrenzungen in Form von Ängsten und hinderlichen Überzeugungen umwandeln lassen, sobald die innere Bereitschaft besteht, von ihnen loszulassen.

Es gibt keine falschen Entscheidungen,
denn jede Entscheidung und jeder Weg
trägt zu unserer persönlichen
wie spirituellen Lebenserfahrung bei.

Nun schlage ich dir vor, deine kurzfristigen (1 bis 6 Monate), mittelfristigen (6 Monate bis 2 Jahre) und langfristigen Ziele (mehr als 2 Jahre) aufzuschreiben.

Meine privaten und beruflichen Wünsche und Ziele

	Haben	**Tun**	**SEIN**
	Ich will haben (materiell u. immateriell)	*Ich will tun*	*Um zu sein*
1.			
2.			
3.			
4.			
5.			
6.			
7.			

Du hast das Recht, alles zu sein, was du sein willst, vorausgesetzt, dass du die volle Verantwortung für die daraus entstehenden Konsequenzen akzeptieren kannst.

Formuliere nun jedes deiner Ziele wie folgt:
„Ich will … haben, … tun, um mich … zu fühlen und … zu sein.

Beispiel: „Ich will Zeit und materielle Mittel haben und mich kreativ betätigen (tun), um mich frei zu fühlen und erfüllt zu sein.

1. _____
2. _____
3. _____
4. _____
5. _____
6. _____
7. _____

Der folgende Schritt besteht darin, aufzuschreiben, was du konkret tun wirst, um deine Ziele zu verwirklichen.

1. _____

2. _____

3. _____

4. _____

5. _____

6. _____

7. _____

Plane für jede Handlung, die du umzusetzen bereit bist, ein Datum, notiere es in deiner Agenda und setze sie zum geplanten Datum um. Dies gibt deinem Ziel den nötigen „Aktivierungsimpuls"!

Gib dir das Recht, zu sagen: „Ich will." Diese bekräftigende Aussage ist energievoller als „ich möchte", denn das „möchte" schließt Zweifel, Ängste und „wenn und aber" mit ein. Jedes Mal, wenn du sagst: „Ich möchte", bedeutet das, dass du etwas willst, aber eine unbewusste Angst dich daran hindert. Wie fühlst du dich, wenn du laut sagst: „Ich will …"? Fühlst du dich dabei unbescheiden, anmaßend oder egoistisch? Dies gäbe Aufschluss über deine hinderlichen Überzeugungen, welche du wahrscheinlich von deinen Eltern übernommen hast, welche du jedoch das Recht hast, zu ändern.

**Du kannst allerdings
nur für dich selbst etwas wollen
und niemals für jemand anderen
oder von jemand anderem,
denn jeder Mensch hat das Recht
auf seine eigenen Bedürfnisse
und seinen freien Willen.**

Um deine Motivation zu verstärken, stelle dir folgende Fragen:

☆ Was sind die Vorteile, die mit der Erreichung meines Zieles einhergehen?
☆ Was wird sich positiv verändert haben?
☆ Wie werde ich mich fühlen, was werde ich von mir selbst denken, was werde ich mir sagen, wenn ich mein Ziel erreicht habe?
☆ Was wird das Erreichen meines Zieles für meine Umwelt mit sich bringen? Wie stehe ich dazu? Kann ich die daraus entstandenen Konsequenzen gegenüber anderen Menschen verantworten?
☆ Wer könnte mir bei der Erreichung meines Zieles helfen?
☆ Was sind die Etappen, die ich in die Tat umsetzen werde, um mein Ziel zu erreichen?
☆ Wie belohne ich mich für jedes erreichte Etappenziel?

_____

_____

_____

_____

_____

_____

_____

_____

_____

_____

_____

_____

_____

_____

Ich schlage dir nun vor, deine Augen zu schließen. Stell dir vor, dass du dein Ziel bereits erreicht hast. Wenn es dir hilft, kannst du dir dabei vorstellen, einen Zauberstab in der Hand zu halten, der dir die Sicherheit gibt, dass alle notwendigen Mittel vorhanden sind und dass dein Vorhaben ohne jeden Zweifel erfolgreich verläuft.

Wo bist du? Was siehst du? Wen siehst du? Siehst du Farben und Formen? Was kannst du visuell wahrnehmen?

Was hörst du? Was sagst du zu dir selbst? Sagt jemand etwas zu dir? Wie tönt deine Stimme? Wie tönt die Stimme anderer Menschen?

Spürst du die Temperatur der Umgebung? Berührst du etwas, oder wirst du von etwas oder jemandem berührt?

Was geht in dir vor? Wie fühlst du dich? Wer oder was bist du? Wenn du ganz in die Erfüllung deines Wunsches und das Erreichen deines Zieles eingetaucht bist, solltest du ein warmes Gefühl im Bauch, ein inneriches „WOW!!" verspüren; eine positive Energie, die dich fühlen lässt, dass es genau das ist, was du sein willst und was dich glücklich macht!

Atme das in dir entstandene Gefühl ein, lass es intensiv durch dich hindurchströmen und fülle damit jede Zelle deines Körpers, jeden Winkel deines Herzens. Wenn die Gefühlsintensität ihr Maximum erreicht hat, lass ein Bild oder ein Wort vor deinem geistigen Auge erscheinen, dass du gedanklich festhältst und in dein Wesen einschließt. Jedes Mal, wenn du an dein Ziel denkst, lass dieses Bild oder Wort wieder in dir aufleben, denn damit werden auch deine positiven Gefühle wieder aktiviert, die deine Motivation und deinen Glauben an die Erreichung deines Zieles verstärken.

Du kannst dieses Gefühl im Moment der maximalen Gefühlsintensität auch körperlich „verankern", indem du zum Beispiel mit einer Hand deinen Daumen drückst oder die Hände faltest, dir das Ohrläppchen hältst oder eine Hand aufs Herz legst. Vertraue dabei auf deine Intuition und wähle diejenige körperliche Geste, die dir spontan einfällt.

Wichtig dabei ist, dass du sie in dem Moment aktivierst, in dem du das positive Gefühl intensiv spürst, was nur ein paar Sekunden dauern wird. Sobald die Gefühlsintensität nachzulassen beginnt, lass auch deine körperliche „Verankerung" los. Bei dieser Art körperlicher „Verankerung" ist es ganz wichtig, dass du denselben Vorgang mindestens drei Mal pro Tag und während mindestens einer Woche konsequent wiederholst. Er wird neue neuronale Verbindungen in deinem Gehirn herstellen, wobei der Auslöser, nämlich deine körperliche Geste der „Verankerung", immer dasselbe innere Gefühl auslösen wird, wenn du es richtig gemacht hast. Du kannst dir diese Technik zunutze machen, um deine Energiefrequenz zu steigern und damit die Verwirklichung deines Zieles noch stärker und schneller an dich ziehen.

Wenn du jedoch kein positives Gefühl empfindest, wenn du dich in die Situation des erreichten Zieles versetzt, dann solltest du auf keinen Fall eine körperliche „Verankerung" vornehmen, da du sonst einen Negativzustand verankern würdest. In diesem Falle kann es sein, dass deine Ängste größer als dein Wunsch sind, dieses Ziel zu erreichen. Wenn du dabei ein beklemmendes oder ungutes Gefühl verspürst, bedeutet das entweder, dass dein Wunsch oder Ziel nicht von dir selbst gewünscht wird, sondern dass du dich den Erwartungen eines anderen Menschen unterziehst; oder es halten dich unbewusste Ängste davon ab, deine Ziele verwirklichen zu wollen. Manche Menschen ziehen es deshalb vor, ihr Leben lang in wunderschönen Farben zu träumen, als ihre Träume und Ziele zu leben.

Falls du dich jetzt angesprochen fühlst, dann rate ich dir, auf die Bewusstwerdung einer hinderlichen Überzeugung zurückzukommen. Sie wird dir helfen, deine unbewussten Ängste und Überzeugungen klarer zu erkennen, welche dich an der Verwirklichung deiner Selbst und deiner Ziele hindern. Stelle dir die Frage, was das Schlimmste wäre, das dir passieren könnte, wenn du dein Ziel erreichtest? Was könnte dein Partner, deine Familie, dein Chef, deine Kinder, deine Freunde, deine Arbeitskollegen über dich denken, und was würdest du selbst über dich denken, wenn du dir das Recht geben würdest, dein Ziel zu erreichen?

Verschiebe nicht auf morgen,
was du seit Jahren haben, tun und sein willst

Wenn du dein Leben lang auf den als „perfekt" empfundenen Zeitpunkt wartest, besteht die Wahrscheinlichkeit, dass dieser Zeitpunkt nie kommen wird. Die genialste Idee, der brennendste Wunsch und dein stärkster Glaube nützen dir nichts, wenn du nicht den Mut hast, sie in die Tat umzusetzen.

Dabei ist es von grundlegender Bedeutung, zu definieren, was du willst, und nicht, was du nicht willst. Es ist energetisch effizienter, sich auf eine klar definierte, gewünschte Richtung zum Ziel hin zu bewegen (auf etwas Gewolltes zuzugehen), als sich von einem ungewünschten Umstand oder Standort zu entfernen (von etwas Ungewolltem wegzugehen). Zu definieren, was du nicht willst, ist wie mit einer Einkaufsliste in einen Laden zu gehen, auf welcher du aufgeschrieben hast, was du nicht einkaufen willst …

Falls es dir schwer fällt, zu wissen und zu spüren, was du wirklich willst, dann sei in diesem Zusammenhang nochmals auf die fünf seelischen Grundverletzungen hingewiesen, wobei die Verletzung der Ungerechtigkeit in Verbindung mit dem gleichgeschlechtlichen Elternteil steht. Das bedeutet, dass du als Kind Angst hattest, vom gleichgeschlechtlichen Elternteil nicht geliebt zu werden, falls du dich nicht nach dessen Erwartungshaltung richtetest und glaubtest, „unrecht oder nicht perfekt" zu sein. Wenn du dir die Möglichkeit gibst, mit dem betroffenen Elternteil vorwurfslos darüber zu sprechen, wirst du entdecken, dass der betreffende Elternteil als Kind mit größter Wahrscheinlichkeit seine eigene Identität mit seinem eigenen gleichgeschlechtlichen Elternteil auch nicht entwickeln konnte, und er deshalb nicht fähig war, dir das Recht auf deine eigene Identität, deine eigenen Wünsche, Bedürfnisse und Ziele zuzugestehen.

Wenn dieser Fall für dich zutrifft, dann überlege dir vorerst, was du nicht mehr haben, tun und sein willst. Für manche Menschen beginnt die Bewusstwerdung damit, dass sie sich zuerst darüber klar werden müssen, was sie nicht mehr wollen, um sich dann erst bewusst das Recht geben zu können, herauszufinden, was sie stattdessen wollen. Falls auch das für dich schwierig ist, dann versuche, dich in das Gefühl zu versetzen, dass durch das, was du nicht mehr haben, tun oder sein willst, hervorgerufen wird. Was empfindest du? Welches Gefühl möchtest du anstatt dessen empfinden? Wie möchtest du dich fühlen? Und was BIST du, wenn du dieses Gefühl empfindest? Anhand dieser Antwort kannst du anschließend zum entsprechenden „Haben und Tun" zurückkehren, indem du dir die Frage stellst: „Was ist für mich nützlich zu haben und zu tun, um das zu sein, was ich sein will?"

Es ist nun beides möglich, nämlich deine Ziele im „Haben und Tun" entweder präzise bis ins Detail zu definieren oder sie generell zu formulieren. Die generelle Formulierung hat den Vorteil, dass sie dem Leben mehr Spielraum einräumt, deinen Wunsch so zu verwirklichen, wie und wann es für dich am besten ist. Manchmal ist nämlich das, was du dir wünschst, nicht das, was das Leben für dich als Bestes vorsieht …

Das Ziel sollte dabei so groß sein, dass es in dir Freude und Begeisterung auslöst, aber nicht so groß, dass du dich entmutigt fühlst. Es ist entscheidend, dass du mit voller Überzeugung an seine Verwirklichung glauben kannst, sonst ist es sinnvoller, sich kleinere, für deinen Mentalkörper akzeptable Etappenziele vorzunehmen.

Sei dir dabei auch bewusst, dass deine Einstellung, deine förderlichen Überzeugungen, dein unerschütterlicher Glaube und dein Vertrauen in dich selbst und in das Leben wichtiger sind als Wissen und Können alleine. Wie viele Menschen haben sich trotz hervorragender intellektueller Fähigkeiten, erfolgreichen Universitätsabschlüssen und idealen Lebensbedingungen nicht selbst verwirklicht? Erinnere dich dabei an den Bogenschützen, der voller Vertrauen in das Leben seinen Pfeil loslässt, wohl wissend, dass er selbst alles dazu getan hat, um sein Ziel zu erreichen; sowie an die Weisheit, die schlussendliche Verwirklichung deines Zieles dem Leben zu überlassen, welches immer die für deine persönliche und spirituelle Entwicklung förderlichsten Bedingungen erschaffen wird. Zur Verwirklichung unserer Wünsche und Ziele gehört also nicht nur die grundlegende Tatsache zu wissen, was wir wollen, sondern auch die Befähigung, vertrauensvoll loszulassen.

Wenn ich an mein eigenes Ziel denke, nämlich Zeit und Geld zu haben, in Teneriffa ein Haus zu kaufen, um dort Bücher zu schreiben, und andere Menschen bei ihrer Persönlichkeitsentwicklung zu begleiten, dann fühle ich mich bei diesem Gedanken frei, glücklich und reich. Dieses „WOW"-Gefühl der Freiheit, des Glücks und des Reichtums sind mein Wegweiser. Je öfter und intensiver ich diese Gefühle hier und jetzt empfinde, desto mehr ziehe ich die konkrete Verwirklichung meiner Wünsche und Ziele an.

Der ideale Ausgangspunkt
für die Verwirklichung deiner Ziele

Der ideale Ausgangspunkt für die Verwirklichung eines Zieles liegt dann vor, wenn du einen Wunsch stark und intensiv in dir spürst (Emotionalkörper) und voller Überzeugung glaubst, dass er sich realisieren wird (Mentalkörper). Wenn beides, die Intensität deines Wunsches und dein unerschütterlicher Glaube (und somit dein Vertrauen) an seine Verwirklichung in höchstmöglichstem Maße gegeben sind, hast du den idealen Ausgangspunkt für die Verwirklichung deiner Ziele gefunden.

Nun schlage ich dir vor, dass du zu deiner Wunschliste zurückgehst.
Schreibe erneut jeden deiner Wünsche auf. Unter „Intensität"
schreibe neben jeden Wunsch, wie groß deine emotionale Begeisterung ist, wenn du an seine Verwirklichung denkst. Wähle dafür eine Note zwischen 1 und 10, das heißt, dass der Wunsch, den du am stärksten und intensivsten verspürst, die Note 10 trägt.
Notiere dann zu jedem Wunsch, wie stark dein Glaube und dein Vertrauen an seine Verwirklichung sind. Wähle dafür ebenfalls eine Note zwischen 1 und 10, das heißt, dass der Wunsch, an dessen Verwirklichung du ohne jeden Zweifel vertrauensvoll glaubst, die Note 10 erhält.

	HABEN	TUN	SEIN	INTENSI-TÄT	GLAUBE & VER-TRAUEN
1.					
2.					
3.					
4.					
5.					

Derjenige Wunsch, der die höchste Punktzahl erreicht hat, ist dein sehnlichster Wunsch, dessen Erfüllung die größte Begeisterung und das intensivste Gefühl in dir hervorruft. Nun bleibt zu überprüfen, ob dein Glaube an seine Verwirklichung auch dieselbe hohe Punktzahl erreicht hat. Wenn dies der Fall ist, hast du deinen idealen Ausgangspunkt und somit die größtmögliche Chance gefunden, dein Ziel zu verwirklichen. Konzentriere dich in der Folge davon ausschließlich auf die Verwirklichung eines einzigen Wunsches, damit deine schöpferische Energie auf ihn konzentriert bleibt.

Du wirst dabei feststellen, dass ein Wunsch manchmal nicht stark genug ist, weil du etwas nicht für dich selbst, sondern für andere wünschst oder weil dein Wunsch einer vorübergehenden Laune, nicht aber einem wirklichen Bedürfnis entspricht.

Es ist auch möglich, dass dein Ego den Wunsch „sabotiert", das heißt, dass dein Mentalkörper dir nicht das Recht gibt, diesen Wunsch zu nähren, da dein Ego aus Angst vor emotionalen Verletzungen die Bedürfnisse und Wünsche deines Emotionalkörpers blockiert.

Oder du hast zwar einen intensiven Wunsch und ein klares Ziel, jedoch nicht genügend Glauben und Vertrauen in dessen Verwirklichung. Jeder Zweifel beeinträchtigt den Glauben und jede Angst vermindert das Vertrauen in seine Verwirklichung und verringert so seine positive Energie.

**Wenn du deinen idealen Ausgangspunkt
gefunden hast, wirst du überzeugt sagen können:
„Ich bin völlig begeistert und fühle mich großartig,
wenn ich an meinen Wunsch denke,
und ich glaube unerschütterlich und fest daran,
dass ich mein Ziel verwirklichen werde."**

Meistens glauben wir, dass das Wichtigste für die Erreichung eines Zieles zu wissen sei, WIE wir es erreichen können. Mit dem „wie" sind die konkreten Handlungen gemeint, das Wissen um die Abläufe, die Strategie, die Pläne, die Methode, das Konzept, die Umsetzung, die Tatsachen und Fakten. Unser

Ego hält uns im „wie" gefangen, indem es uns sagt: „Deine Wünsche und Ziele sind ja gut und schön, aber wie willst du sie verwirklichen? Du musst deine Wünsche und Ziele den gegebenen Tatsachen anpassen, sonst wirst du enttäuscht werden und versagen. Das will ich dir ersparen, indem ich sie einschränke und dir nur diejenigen erlaube, die ich von meiner Sicht aus als realisierbar einschätze." Unser Ego meint es damit gut, aber es ist uns dadurch nicht hilfreich, weil es unsere Wünsche und Lebensziele im Keim erstickt.

Die meisten Menschen lassen ihre Gedanken, Wünsche und Lebensziele von Umständen und Tatsachen beeinflussen, statt sie zu benutzen, um Umstände und Tatsachen zu beeinflussen.

Falls du also denkst: „Ich weiß zwar, was ich haben, tun und sein will, aber ich weiß nicht, wie ich das möglich machen kann, deshalb lasse ich es besser bleiben", beschränkst du dich in deiner Selbstverwirklichung durch äußere Tatsachen, statt zu bedenken, dass du selbst diese äußeren Tatsachen durch dein Denken und Fühlen herbeigeführt hast.

Wenn du die nötigen Grundbedingungen mental und emotional erschaffen hast, überlasse es dem Leben, wie es deinen Wunsch erfüllen wird! Wenn du dir und ihm völlig vertraust, wird es alle Umstände und Menschen an dich ziehen, die seine Verwirklichung ermöglichen, falls diese für dich zu deinem Besten ist!

„Alchimistische" Grundformeln

1. Wünsche dir etwas! Spüre einen brennenden Wunsch in dir! Wenn du diesen gedanklich intensiv nährst, wirst du ein positives Gefühl mit intensiver Gefühlsintensität und ein innerliches „WOW!" empfinden. Dieses Gefühl ist der Katalysator, dein „Aktivierungsimpuls"! Die emotionale Intensität bestimmt die Frequenz, welche die konkrete Verwirklichung deines Wunsches an dich zieht. Wenn du an dein Ziel denkst, empfinde die Gefühle, die seine Verwirklichung in dir hervorrufen. Das ist etwa so, wie wenn bald Weihnachten ist und du sicher bist, dass du die Geschenke, die du dir wünschst, auch bekommen wirst. Du sollst das ohne jeden Zweifel jetzt schon als reale Tatsache empfinden. Und es wird zur Tatsache werden, wenn du deinen Glauben und dein Vertrauen ins Leben nährst, indem du so oft und so intensiv wie möglich voller Glück und Dankbarkeit an deinen bereits erfüllten Wunsch denkst.

2. Ist dein positives Empfinden dabei nicht intensiv genug, so frage dich, ob die Verwirklichung dieses Wunsches an erster Stelle für dich steht, ob er wichtig für dich selbst ist und ob du dir das Recht gibst, diesen Wunsch zu verwirklichen. Glaubst du ohne jeden Zweifel, dass du diesen Wunsch zu einem Ziel machen und verwirklichen kannst? Falls du dies nicht glaubst, frage dich: „Was will ich wirklich haben, tun und was hilft mir das, zu sein? Ist mir meine diesbezügliche Überzeugung dabei förderlich oder hinderlich? Was ist das Schlimmste, das mir passieren könnte? Welche Angst steht hinter meiner Überzeugung?" Benutze die Bewusstwerdung einer Überzeugung, denn sie wird dir Aufschlüsse über eventuelle Blockaden geben, die du durch eine Veränderung deiner Denkweise überwinden kannst. Sei dir

dabei bewusst, dass eine Veränderung des Ist-Zustandes nur dann erreicht werden kann, wenn eine Umwandlung deiner Überzeugung erfolgt.

3. Stelle deinen Mentalkörper in den Dienst deines Emotionalkörpers. Das heißt, benütze die Energie deiner Gedanken, um aus deinem brennenden Wunsch ein konkretes Ziel zu machen. Dies geschieht mittels einer Entscheidung, die du konkret in die Tat umzusetzen hast. Dieser „Aktivierungsimpuls" nährt die elementare „Denkform", welche mittels deiner gedanklichen und gefühlsmäßigen Energie kontinuierlich zu wachsen beginnt.

4. Deine wichtigste Aufgabe besteht nun darin, deinen Wunsch mit maximaler Gefühlsintensität begeistert zu fühlen und deinen unerschütterlichen Glauben an seine Verwirklichung über einen konstanten Zeitraum zu nähren. Gleichzeitig sei offen für das, was in deinem Leben passiert, sei ein aufmerksamer Beobachter und erkenne und nütze die Gelegenheiten, die dir das Leben durch unerwartete Umstände oder andere Menschen bringen wird. Die Intensität, die Häufigkeit und die Konstanz, mit welcher du an die Verwirklichung deines Zieles denkst, bestimmen den Zeitraum der konkreten Materialisation. Bedenke jedoch bitte, dass das Universum sein eigenes Zeitverständnis hat, und akzeptiere dies in vollem Vertrauen. Wenn du zum Beispiel in Zukunft erfüllt sein willst, musst du dich hier und jetzt erfüllt fühlen, denn nur eine Energie der Erfüllung kann konkrete Erfüllung anziehen. Das bedeutet auch, für die Erfüllung, die du bereits hast, dankbar zu sein! Denn Dankbarkeit erzeugt noch mehr Gründe zu erneuter Dankbarkeit.

5. Befrage Menschen, die erfolgreich das erreicht haben, was du erreichen willst. Du wirst dabei feststellen, dass die Menschen, die ihre Wünsche zu Zielen gemacht haben und die sich durch die erreichten Ziele selbst verwirklichten, erstens gerne ihre eigenen Erfahrungen teilen und zweitens durchwegs einen starken Wunsch hatten, an dessen Verwirklichung sie auch

dann bedingungslos glaubten, wenn nicht alles so verlief, wie sie es sich vorgestellt hatten. Bereichere dich an ihrer Denkweise und ihrem Glauben, frage sie nach ihren Überzeugungen und nutze davon, was für dich sinnvoll ist. Wir alle brauchen Modelle, die eine Vorbildfunktion haben und damit motivationsverstärkend wirken. Du wirst auch feststellen, wie viele „Erfolgsmenschen" gescheitert sind, jedoch nicht aufgegeben haben und nach jeder Niederlage immer wieder mutig aufgestanden sind. Sie werden dir sagen, dass es nicht wichtig ist, wie viele Male du hinfällst, sondern nur, wie oft du wieder aufgestanden bist.

6. Triff deine Entscheidungen immer anhand deines inneren Gefühls und deiner inneren Stimme. Du alleine hast die Macht und die Freiheit, in dich hinein zu hören und deinem innersten Wesen zu vertrauen. Deine Empfindungen sind dabei deine Wegweiser, die dich entweder zu förderlichen oder hinderlichen Überzeugungen führen. Je mehr Gleichgewicht zwischen Mental- und Emotionalkörper (Gedanken und Gefühlen) besteht, desto kraftvoller ist die positive Energie, dir dein Leben erfolgreich und glücklich zu gestalten. Entscheide dich jedoch nur dann dafür, ein Risiko einzugehen, wenn dein Gefühl dabei absolut positiv ist, denn es ist dein Kompass für eine weise Entscheidung. Wenn du oft an die Verwirklichung deines Zieles denkst und dich dabei jedes Mal gleich intensiv gut fühlst, bist du bereit, die Konsequenzen deiner Entscheidung zu tragen.

7. Jede gedankliche und emotionale Energiefrequenz zieht eine andere, ihr entsprechende Energiefrequenz an, durch welche sich die Energie verdichtet. Unser Gehirn funktioniert wie ein Übermittlungsgerät, das Sender und Empfänger eines magnetischen Energiefeldes ist, das auf einer bestimmten Frequenz schwingt. Ob ein Mensch nun glaubt, er könne etwas Bestimmtes erreichen oder nicht, hat er in beiden Fällen recht; denn er wird die verdichtete Energie, die er in Form seiner Gedanken als Energiefrequenz aussendet, in

seinem Leben als materialisiertes Resultat vorfinden! Gedankliche Energie ist so kraftvoll, dass sie die Materie, Zeit und Raum in unglaublicher Geschwindigkeit durchdringt!

8. Jeder Mensch verfügt über einen „mentalen Bildschirm", der seine individuelle, subjektive Wahrnehmung der Welt in Form seiner „Weltkarte" darstellt. Diese „Weltkarte" ist zusammengesetzt aus der Gesamtheit unserer Gedanken, unseres Egos, unserer Persönlichkeit, den Interpretationen unserer Erfahrungen, unseren emotionalen Verletzungen, Bedürfnissen, Wünschen und Zielen. Die Art und Weise, wie wir uns unserer Weltkarte bedienen, stellt unseren inneren „Radar" dar, an welchem wir uns orientieren. Meistens glauben wir, etwas existiere nur dann, wenn wir es auf unserem „mentalen Bildschirm" wahrnehmen und deshalb als Wirklichkeit annehmen können. Was allerdings auf unserem Bildschirm erscheint und von dem wir glauben, es sei die alles umfassende Wahrheit, ist nur ein subjektiv und anhand unserer individuellen „Weltkarte" wahrgenommener Bruchteil alles Existierenden. Wir wissen, dass den meisten Menschen nicht einmal zehn Prozent des gesamten Potenzials durch die Wahrnehmungsfähigkeit unseres mentalen, emotionalen und physischen Körpers bewusst zur Verfügung stehen. Die restlichen neunzig Prozent befinden sich außerhalb unseres Bewusstseins, außerhalb unseres „mentalen Bildschirms" und unserer „Weltkarte", denn sie liegen in unserem tiefsten, innersten Wesen, unserer Seele. Wie oft hört man jemanden sagen: „Ich muss etwas zuerst sehen und mit meinen fünf Sinnen wahrnehmen können, bevor ich es glauben kann." Diese Aussage zeigt, wie schwierig es ist, an etwas zu glauben und für potenziell möglich zu halten, das sich außerhalb unseres „Bildschirms" befindet. Tatsache ist, dass es nur innerhalb unserer Welt auftauchen und sich dort sichtbar manifestieren kann, wenn wir es durch unseren Glauben erschaffen, verdichten und nähren; und es somit Teil unserer subjektiven, individuellen Wahrheit werden kann.

9. Viele Menschen denken, dass sie etwas nur verwirklichen können, wenn dafür die äußeren Bedingungen auf ideale Weise gegeben sind. Sie sind sich nicht bewusst, dass sie diese äußeren Bedingungen und Tatsachen (das, was auf ihrem Bildschirm konkret erscheint), selbst durch ihre Gedanken und Empfindungen erschaffen haben. Die Antwort auf die Frage: „Wie werden sich meine Wünsche und Ziele im Leben verwirklichen?" liegt ebenfalls zu neunzig Prozent außerhalb unseres mentalen Bildschirms. Was immer wir uns auch für Ziele gesetzt haben, wir brauchen dazu einen brennenden Wunsch, förderliche Überzeugungen und den unerschütterlichen Glauben, welchen wir durch das Urvertrauen ins Leben finden. Je mehr wir uns spirituell öffnen, desto mehr erschließt sich unser innerstes Wesen Zugang zu der Quelle aller Möglichkeiten.

10. Schon 1 Minute pro Tag förderlichen Denkens, intensiven Fühlens und vertrauensvollen Glaubens an die Verwirklichung eines Zieles nähren maßgeblich die damit erschaffene elementare „Denkform". Wenn du jeden Tag mindestens 1 Minute während drei Monaten damit verbringst, sie energetisch zu nähren, wird die materielle Konkretisierung erheblich beschleunigt, unterstützt durch konkret in die Tat umgesetzte Entscheidungen. Ein tägliches Ziel besteht darin, dich in jedem Moment deines Lebens so gut wie möglich und jeden Tag besser und besser zu fühlen. Wenn du dich schlecht fühlst, frage dich: „An was entschließe ich mich zu denken, damit ich mich besser fühle? Vielleicht an eine schöne Erinnerung, die ich mit einem nahestehenden Menschen teile, einen Sonnenuntergang oder Waldspaziergang? An ein Kinderlachen, ein Geschenk, das ich erhalten habe, an einen bereichernden Moment in meinem Leben?" Entscheide dich bewusst, deine Gedanken auf etwas zu lenken, das deine positive Lebensenergie erhöht.

11. Lass dir dabei von deinem physischen Körper helfen. Ziehe deine Schultern nach hinten, öffne deinen Brustkorb, atme mehrmals tief und hörbar aus, versuche, zu lächeln, singe ein Lied, tanze … Du wirst feststellen, dass sich dabei deine körperlichen und gefühlsmäßigen Empfindungen sowie auch deine Gedanken positiv verändern. Sei dir bewusst, dass das Gefühl, dass du in jedem Moment deines Lebens empfindest, von einer ihr ähnlichen Energiefrequenz empfangen und verstärkt wieder an dich zurück gesendet wird. Das heißt, das Leben wird dir Grund geben, dieses Gefühl erneut verstärkt zu erleben, da es dir aufgrund des Gesetzes der Anziehung das zurückspiegelt, was du selbst erschaffen hast. Das bedeutet, dass das Universum dir immer die von dir selbst erschaffenen Energiefrequenzen in Form konkreter Ereignisse zurückgibt.

12. Beginne damit, dir selbst beim Denken zuzuhören. Fällt dir dabei auf, wie oft du einen unbewussten Monolog führst? Beinhaltet dieser Monolog mehr negative oder mehr positive Gedankenenergie? Werde dir bewusst, dass wenn du an das denkst, was du nicht willst, oder wenn du mit negativen Gedanken an etwas oder jemanden denkst, die negative Gedankenenergie nährst, welche sich unweigerlich eines Tages anhand der Ereignisse deines Lebens manifestieren wird. Ist dein Monolog von negativer Gedankenenergie geprägt, dann schlage ich dir vor, jeden Satz bewusst neu und laut so zu formulieren, dass er in dir ein möglichst positives Gefühl auslöst, denn um konkrete positive Veränderung zu bewirken, muss die positive Mental- und Emotionalenergie größer als die negative sein.

13. Wenn du zu einer konkreten Entscheidung bereit bist, prüfe vorher deine Absicht und spüre, was du dabei empfindest. Ist es begeisterte Vorfreude, dann schreite zur Tat. Sind es Ängste und Zweifel, überprüfe deine Gedanken und Überzeugungen, um deine Energiefrequenz zu verändern. Ansonsten ziehst du das an, was du durch deine Ängste und

Zweifel erschaffst. Je größer und an Konsequenzen reicher die Entscheidung ist, desto größer müssen die positive Überzeugung und das damit verbundene Vertrauen sein. Dein Gefühl ist dabei der Kompass und der Gradmesser deiner Gedanken. Fühlst du dich ehrlich gut, ist auch die Qualität deiner Gedanken positiv, denn du kannst nicht gleichzeitig etwas Negatives denken und dich dabei wirklich gut fühlen. Umgekehrt kannst du nicht wirklich etwas Positives denken und dich dabei schlecht fühlen. Die entscheidende Frage lautet also: „Wie fühle ich mich bei diesem Gedanken?"

14. Finde jeden Tag so oft wie möglich die Gelegenheit, deine Wünsche und deine Ziele zu nähren; sei es durch entsprechende Bücher oder Filme, durch Musik, Gesang, Tanz, kreative Tätigkeiten oder Kontakt mit der Natur. Du kannst auch eine bildliche Darstellung deiner Wünsche und Ziele anfertigen; sei es mittels einer Zeichnung oder eine „Collage", welche aus ausgewählten Zeitungsausschnitten bestehen kann, mit denen du ein Bild entstehen lässt. Damit erschaffst du eine visuelle Verankerung, die du jeden Tag mehrere Male voller Vorfreude anschauen kannst. Schließe dabei ein Foto von dir und den Menschen, die in eine wichtige Rolle spielen, mit ein. Du kannst auch mehrmals am Tag ein ausgewähltes „Schlüsselwort", welches gefühlsmäßig beinhaltet, was du dir wünschst, laut aussprechen. Du erzeugst ebenfalls positive Energie, wenn du jemanden liebevoll in den Arm nimmst, jeden Tag Gelegenheit findest (auch über dich selbst) zu lachen und dich jeden Tag mindestens dreißig Minuten um dein eigenes Wohlgefühl und deine Lebensfreude kümmerst, unabhängig davon, ob du in dieser Zeit etwas tust oder einfach BIST.

15. Schaue dir das, was du haben möchtest, in der Realität so oft wie möglich an. Versuche, diesem Gegenstand so nahe wie möglich zu kommen, ihn sehen und berühren

zu können. Der Berührungskontakt nährt die Wunschenergie und verstärkt den Glauben, dein Ziel verwirklichen zu können.

16. Erinnere dich an positive Affirmationen, die bekräftigen, was du willst, zum Beispiel:

    ☆ Ich fühle mich überglücklich (fröhlich, dankbar, begeistert etc.), denn ich erschaffe mir durch meine Gedanken und Überzeugungen, was ich haben, tun oder sein will, und zwar … (es benennen)

    ☆ Ich fühle mich phantastisch, ich bin ein Glückskind und ich ziehe das Glück wie ein Magnet an!

    ☆ Ich bin von ganzem Herzen dankbar! Ich bin mit Überfluss und Reichtum gesegnet!

17. Sei dir bewusst, dass wichtige Veränderungen häufig aus einer Krise heraus entstehen. In schwierigen Momenten wissen wir nämlich ganz genau, was wir nicht wollen. Wenn wir diese Erfahrung nutzen, um daraus zu lernen, was wir wirklich wollen, können wir bewusst eine Krise in einen Neuanfang verwandeln. Dies ist ein Merkmal vieler erfolgreicher Menschen, die genau das nach einem Misserfolg getan haben!

**Wenn du erfolgreich sein willst,
dann liebe, was du tust,
und liebe diejenigen Menschen,
für die du es tust, dich selbst mit einbezogen!**

Gib nie auf!

Erfolg oder Versagen sind eine Frage der Einstellung. Wenn wir glauben, dass wir Erfolg haben oder versagen werden, haben wir in beiden Fällen recht, denn es wird uns nach unserer Überzeugung und unserem Glauben geschehen.

Nicht eine Tatsache an sich ist ausschlaggebend, sondern unsere Interpretation, unsere Einstellung und unsere Reaktion aufgrund dieser Tatsache. Wir können Lebensumstände, die nicht von uns abhängen, nicht kontrollieren, aber wir können unsere Einstellung dazu ändern. Es gibt keine Misserfolge und kein Versagen, wenn wir uns die Frage stellen: „Was habe ich aus dieser Erfahrung über mich gelernt? Wie wird mir das Erlernte in Zukunft nützlich sein?" Durch die Beantwortung dieser Fragen wird jeder „Misserfolg" zu einer bereichernden Lebenserfahrung.

Unser Leben wurde uns allen dazu gegeben, um innerlich zu wachsen und uns zu entwickeln. Dazu gehören auch Versuche und Erfahrungen, die nicht das von uns erwünschte Resultat erbringen. Aber vielleicht lernen wir ja genau durch sie das, was uns das Leben lehren will. Mit etwas Weisheit können wir akzeptieren, dass wir zwar ein Höchstmaß dazu beitragen können, unsere Pläne und Ziele zu verwirklichen, dass jedoch unser Lebensplan manchmal eine andere als die von uns geplante Erfahrung für unsere spirituelle Entwicklung vorsieht. Das bedeutet jedoch nicht, dass wir auf fatalistische Weise glauben sollten, alles in unserem Leben sei vorbestimmt und wir hätten keinen Einfluss auf unseren Lebensplan.

Stell dir ein Kleinkind vor, welches das Laufen erlernt. Wäre es vom unvermeidlichen und häufigen Hinfallen nachhaltig entmutigt, würde es nie laufen lernen. Thomas Alva Edison, einer der wohl größten Erfinder aller Zeiten, hätte die Glühbirne nie erfunden, wenn er sich gedanklich auf „Misserfolg" programmiert hätte. Er brauchte Tausende von Versuchen, in welchen er über dreitausend verschiedene Materialien testete, um feststellend stolz sagen zu können, dass er mehrere tausend Male erfolgreich herausgefunden hatte, wie es nicht funktioniert. Diese positive Einstellung verhalf ihm schlussendlich zum Ziel – und der Menschheit zu einer bahnbrechenden Errungenschaft.

Es bleibt dir selbst überlassen, „Misserfolge" entweder als Versagen zu definieren oder als wertvolle Erkenntnis, wie etwas nicht zu bewerkstelligen ist. Wenn du dich für eine „Misserfolg-Interpretation" entscheidest, was empfindest du dabei? Wie fühlst du dich? Was sagst du zu dir selbst? Ist das sinnvoll, im Wissen, dass du durch diese Gedanken und Emotionen noch mehr Ereignisse anziehen wirst, welche dir bestätigen, was du glaubst?

Falls etwas nicht so verläuft, wie du es geplant hast, dann versuche, es zu akzeptieren. Du weißt, dass du etwas nur ändern kannst, wenn du es akzeptierst. Es sei nochmals darauf hingewiesen, dass dies nicht bedeutet, damit einverstanden sein zu müssen! Lass deine Enttäuschung oder Wut los und frage dich, was dich das Leben Sinnvolles über dich selbst lehren wollte.

Wenn du zum Beispiel einen Unfall hast, wirst du, wenn du nicht (mehr) an Zufälle glaubst, vermutlich fragen, womit du ihn angezogen hast. Abgesehen davon, dass Unfälle mit unbewussten Schuldgefühlen in Verbindung stehen, zeigt diese Erfahrung, dass du vor dem Unfall gedanklich mit etwas beschäftigt warst, dass dich Emotionen empfinden ließ, die du energetisch ausgesandt hast und die in Form eines konkreten Ereignisses zu dir zurückkommen. Dies kann zum Beispiel Wut, Anklage oder Ungeduld gegenüber jemandem oder dir selbst gewesen sein.

Das bedeutet, dass das, was du energetisch aussendest, vom Leben als Befehl verstanden wird, dir mittels konkreter Ereignisse noch mehr davon zu geben.

Je mehr du also über deine Probleme und Schwierigkeiten sorgenvoll nachgrübelst, desto mehr nährst du sie, was aufgrund des Gesetzes der Anziehung noch mehr konkrete Probleme und Schwierigkeiten anziehen wird. Konzentriere also deine Gedanken auf eine mögliche Lösung, auch wenn es dir momentan schwer fällt. So lange du nicht vertrauensvoll an eine Lösung glauben kannst, auch wenn du nicht weißt, wie sie sich konkret in deinem Leben zeigen wird, so lange wird sich nichts an deiner Situation ändern können.

Ich glaube, dass wir alle unser ganzes Leben lang Lernende in einer Lebensuniversität sind, in der jede neue Lebenserfahrung und die damit verbundene Bewusstseinsstufe in Form von Lebensprüfungen verankert wird. Diese Prüfungen geben uns die Möglichkeit, das theoretisch Erlernte praktisch in unser Leben zu integrieren, um damit, nach bestandener Klausur, die Grundlage für eine noch höher liegende Entwicklungsstufe zu schaffen. Aber glücklicherweise gibt es auch in jedem Leben Ruhemomente und Auszeiten, welche uns erlauben, nach einem anstrengenden Aufstieg auf einem erhöhten Aussichtspunkt anzuhalten, das hinter uns Gelassene zu betrachten und neue Kräfte schöpfen zu können.

Auch beim Ersteigen eines Berggipfels können wir nicht ständig an Höhe gewinnen, sondern finden uns manchmal in einer Talsohle wieder, von welcher wir den Gipfel und den ursprünglichen Ausgangsort zeitweise nicht sehen können. Dies könnte zu Zweifeln führen, weder vorwärtsgekommen noch auf dem richtigen Wege zu sein. Aber die Tatsache, dass wir manchmal die bereits bewältigte Strecke und das Ziel aus den Augen verloren haben, bedeutet nicht, dass wir unserem Ziel nicht näher gekommen sind!

Deine materiellen Mittel
sind Spiegel deiner Schöpferkraft

Während ich an meinen eigenen Überzeugungen bezüglich Wohlstand und Fülle arbeitete, habe ich viele hinderliche Überzeugungen, welche teilweise von meiner Erziehung herrührten, freigelegt und umgewandelt. Heute gebe ich mir das Recht auf Wohlstand, Reichtum und Überfluss, da ich mich nicht mehr zu Solidarität gegenüber der Denkweise meiner Familie und meines Umfeldes verpflichtet fühle.

Heute glaube ich, dass materielle Mittel und Geld eine der Offenbarungen göttlicher Energie in der Materie sind und dass Energie immer im Umlauf sein sollte, um sich ständig erneuern zu können. Geld ist eine schöpferische Energie, deren Energiefluss von unseren Überzeugungen abhängt. Wir allein sind für Mangel an Geld, der aus unseren hinderlichen Überzeugungen und Ängsten entsteht, verantwortlich. Wir allein sind für Überfluss an Geld, der aus unseren förderlichen Überzeugungen und unserem Vertrauen entsteht, verantwortlich. Dabei stellt uns das Leben vor die freie Wahl, uns und unseren Wertvorstellungen auf unserem Weg treu zu bleiben.

Gerade in dieser Zeit rasanten Wandels und der für viele Menschen mangelnden materiellen Sicherheit ist es wichtig, hinderliche Überzeugungen und Existenzängste überwinden zu können, um sich durch eine vertrauensvolle Denkweise innere Sicherheit als Grundlage für äußere Sicherheit erschaffen zu können. So wie ein angstvoller Mensch Zeiten der Instabilität als bedrohende Krise ansieht, bedeutet sie für einen vertrauensvollen Menschen stimulierende Entwicklung und Antrieb, über sich selbst hinauszuwachsen. Gerade in krisenbeladenen Momenten zeigt sich oft, dass wir Angst vor unserer eigenen Schöpferkraft haben, denn sie bedingen Entscheidungen und Veränderungen, welche Ängste und Zweifel hervorrufen können. So scheint es vielen Menschen weniger riskant, sich resignierte Scheinzufriedenheit vorzuspielen, als den Mut zu finden, für das, was sie wirklich erfüllen würde, einzustehen. Mutig sein bedeutet, sich seine Ängste zuzugestehen und sie durch Vertrauen zu überwinden. Um sich allerdings der Tatsache mangelnden Mutes nicht bewusst werden zu müssen, ist es für viele Menschen unverfänglicher, materiellen Mangel als Grund für verunmöglichte Selbstverwirklichung vorzugeben.

Auf materieller Ebene bedeutet Überfluss, Besitztümer in größerer Quantität als benötigt zu haben. Überfluss resultiert aus den förderlichen Überzeugungen, die wir uns über Wohlstand erschaffen haben.

Das Gegenteil von Überfluss ist Mangel, welcher sowohl durch die Angst vor Mangel wie auch durch die Angst vor Überfluss entsteht. Unbewusst haben wir nämlich meist ebenso viel Angst vor Überfluss wie vor Mangel.

Wenn dir das erstaunlich erscheint, stelle dir die Frage, was dir Unangenehmes passieren könnte, wenn du im Überfluss leben würdest? Hättest du Angst, dass du wieder verlieren könntest, was du hast? Dass du beneidest würdest? Dass du dich verpflichtet fühlen würdest, mit anderen zu teilen? Dass es ungerecht und „unverdient" wäre, wenn du mehr als andere besitzen würdest? Dass du dir nicht zutrauen würdest, deinen Überfluss gut zu verwalten? Dass du kein „spiritueller" Mensch wärst, wenn du materiellen Dingen einen wichtigen Platz in deinem Leben einräumen würdest?

Wie du siehst, können die vielfältigsten Überzeugungen mit den ihnen innewohnenden Ängsten der Grund für deine materielle Situation sein. Um diese Ängste zu erkennen, schlage ich dir erneut vor, auf die Bewusstwerdung einer hinderlichen Überzeugung zurückzukommen.

Ich selbst habe viele Jahre an die Überzeugung meiner Großeltern geglaubt: „Man kann nicht alles haben, was man will." Für mich bedeutete diese Überzeugung, dass ich mich für etwas und somit gegen etwas Anderes entscheiden musste, was

Verzicht und Trennung bedeutete. Und ein weiterer Glaubenssatz, den ich mir zu Beginn meiner spirituellen Reise erworben hatte, lautete: „Man kann materiellen Wohlstand nicht mit Spiritualität verbinden", was mich erfahren ließ, dass ich, sobald ich mich von etwas getrennt fühlte, Konflikte und Widerstände erschuf, welche Veränderungen verhinderten und den Energiefluss blockierten.

Die Trennung von unserer Quelle ist eine Illusion, welche auf der Begrenztheit unseres menschlichen Egos beruht.

Heute glaube ich, dass alles miteinander verbunden ist und dass das eine im nutzvollen Dienste des anderen stehen kann. Ich erkannte, dass ich nicht wohlhabend sein konnte, wenn ich Geld und materiellen Mitteln nicht die nötige Wichtigkeit beimaß, vor meinem Umgang mit ihnen Angst hatte und sie nicht für die Entfaltungsmöglichkeiten achtete, die sie mir boten.

Nun versuche ich bewusst, Rechnungen mit Dankbarkeit zu bezahlen und mich zu freuen, dass ich fähig bin, mir die dazu nötigen Mittel erschaffen zu haben. Gleichzeitig bringe ich auch meine Dankbarkeit gegenüber denjenigen Menschen zum Ausdruck, die mir ihre Dienste zu Verfügung gestellt haben, für welche ich sie durch das Begleichen meiner Rechnung wertschätze und deren Leistung ich damit anerkenne. Anerkennung, Freude und Dankbarkeit erhöhen den Energiefluss des Geldes, da sie Ausdruck von Liebe sind. Geld ist also auch ein Mittel zur Wertschätzung und Anerkennung geleisteter Dienste anderer Menschen. Meine Grundhaltung, mein Denken und Fühlen stehen mir dabei völlig frei. Ich habe die Wahl, entweder inneren Widerstand aus Angst vor Mangel entstehen zu lassen, indem ich meine Rechnungen widerwillig bezahle, was den Widerstand erhöht und somit den Energiefluss hemmt; oder ich entschließe mich dazu, meine Rechnungen mit Freude und Dankbarkeit zu bezahlen, da ich damit Wertschätzung, Anerkennung und

Liebe erzeuge, die den Energiefluss – auch denjenigen meines eigenen Geldes – wachsen lassen.

Es ist ebenfalls sinnvoll, allen Quellen materieller Mittel gegenüber offen zu sein und nicht nur diejenigen für möglich zu halten, die wir uns anhand unseres persönlichen „Bildschirms" vorstellen können. Nur weil etwas nicht auf unserem Radar ersichtlich ist, heißt das nicht, dass es nicht existiert. Das Universum findet immer Wege, die Ziele Wirklichkeit werden zu lassen, die wir uns mit Begeisterung wünschen und an die wir felsenfest glauben, auch wenn wir nicht wissen, wie sie sich verwirklichen können und werden. Halten wir unsere Augen, Ohren und unser Herz offen, um die Zeichen zu erkennen, wenn sie sich uns offenbaren.

Leben ist Überfluss. Können auf einer Frühlingswiese zu viele Blumen blühen, ein Sonnenaufgang zu schön und ein Nachthimmel voller Sterne zu leuchtend sein? Schau dir die Natur in ihrer naturgegebenen Form an, und du wirst in ihr mehr Reichtum, mehr Überfluss und Schönheit vorfinden, als du dir selbst in deinem menschlichen Dasein gestattest.

Wohlstand ist ein Seins-Zustand, der aus einer Denkweise entsteht, die nicht ausschließlich auf materiellen Besitztümern basiert. Wohlhabend zu sein bedeutet, in jedem Augenblick seines Lebens zu wissen und zu spüren, dass immer alles da ist, dessen wir wirklich bedürfen. Sich wohlhabend zu denken und zu fühlen ist ein innerer Zustand eines Menschen, der seinen Wert und sein Recht auf Wohlergehen anerkennt.

Das Gegenteil von Wohlstand ist Armut. Eine Person, die in der Angst lebt, ihre materiellen Besitztümer zu verlieren, lebt in innerer Armut, welche anhand des Gesetzes der Anziehung äußere Armut an sich zieht; entweder auch auf materieller oder auf zwischenmenschlicher Ebene, was sich in der heutigen weitverbreiteten Beziehungsarmut und Einsamkeit äußert.

Im vergangenen Fische-Zeitalter glaubten viele Menschen, dass sie zuerst materielle Mittel haben müssten, bevor sie das tun und sein konnten, was sie wollten. Diese Ära, welche um

1960 endete, förderte in jeder Hinsicht die Angst vor Mangel. Dem jetzigen Zeitgeist des Wassermann-Zeitalters entspricht es hingegen, den Seins-Zustand in den Vordergrund zu stellen. Die grundlegende Frage lautet: „Was will ich sein?", um sich anschließend zu fragen: „Was muss ich tun, um das zu sein, was ich sein will", wovon das entsprechende „Haben" ein Resultat ist. Eine ebenfalls für manche Menschen erstaunliche Frage lautet: „Wie erreiche ich mit einem kleinstmöglichen Aufwand ein größtmögliches Resultat?" Wenn man bedenkt, wie viele junge Menschen heutzutage fast über Nacht mit gewitzten Ideen und gewagter Kreativität zu Vermögen kommen, dann wird deutlich, wie sehr ihr Wunsch und Glaube, das zu sein, was sie sein wollen, die nötigen Mittel hervorbringt.

Es ist durchaus sinnvoll und intelligent, materielle Mittel zur Verfügung zu haben, um sie in den Dienst der wahren Bedürfnisse unseres innersten Wesens zu stellen, ohne jedoch unser Wohlergehen davon abhängig zu machen! Dahin gehend ist folgende Denkweise sinnvoll: „Ich liebe es, materielle Mittel zu haben. Aber auch wenn ich diese nicht habe, kann ich mich trotzdem wohlhabend und reich fühlen. Sollte ich materielle Besitztümer oder Geld verlieren, weiß ich, dass ich fähig bin, sie mir wieder anzueignen."

Feststellend sei gesagt, dass es unabdingbar ist, deine Gedanken, Gefühle, Worte und Taten auf Wohlstand zu konzentrieren, wenn du Wohlstand anziehen willst. Dich wohlhabend zu denken und zu fühlen, bedeutet, überzeugt zu glauben, dass du alle Voraussetzungen in dir trägst, um ein erfülltes und reiches Leben zu leben.

Ich bin, was ich von mir denke

Mein Wohlstand oder meine Armut sind Ausdruck meiner Denkweise. Was ich gedanklich nähre, wächst. Denke ich häufig und intensiv an Mangel, wächst Mangel. Denke ich häufig und intensiv an Wohlstand, wächst Wohlstand. Wenn ich also Wohlstand will, konzentriere ich meine Gedanken, Gefühle und Handlungen auf Wohlstand, nicht auf Mangel. Es ist das Bewusstsein von Wohlstand, das Wohlstand erschafft. Bewusstsein von Wohlstand entsteht jedoch nicht daraus, zu denken: „Ich bin reich" und sich bewusst oder unbewusst arm zu fühlen. Nur wenn unser Denken, unser Fühlen und die damit einhergehenden Handlungen in Harmonie sind, können wir Wohlstand, Reichtum und Fülle erzeugen. Fühle ich mich arm, so erzeuge ich damit Armut, die ein Ausdruck mangelndes Urvertrauen und mangelnder Liebe dem Leben gegenüber widerspiegelt.

Alles ist Energie. Energie stirbt nicht. Energie kann nicht zerstört werden. Energie verwandelt sich. Leben bedeutet Energie. Liebe bedeutet Energie. Geld bedeutet Energie. Ein Mangel an materieller Energie deutet auf einen Mangel an Liebe sich selbst und dem Leben gegenüber hin. Liebe ist Einheit, keine Trennung. Die Materie und alles Materielle ist eine konkrete Offenbarung göttlicher, spiritueller und schöpferischer Energie.

Unsere Lebensenergie und unsere materiellen Mittel sind das Resultat unserer Liebesfähigkeit geteilt durch unsere inneren Widerstände.

Das bedeutet, dass unsere Lebensenergie umso stärker und somit auch unser materieller Wohlstand umso größer sind, desto stärker und größer unsere Liebesfähigkeit ist und desto kleiner unsere inneren Widerstände sind. Interessant, nicht wahr? Je mehr wir uns also in Akzeptieren, Loslassen, Vertrauen und Verzeihen üben, desto mehr vergrößern wir unsere Liebesfähigkeit und verringern unsere inneren Widerstände (Ängste, hinderliche Überzeugungen), was unsere Lebensenergie, unseren Wohlstand, unsere Lebensfreude und die Fülle unseres Lebens erhöht.

Entwickle Wohlstand auf allen Ebenen

☆ Benütze die Bewusstwerdung einer Überzeugung und wandle hinderliche Überzeugungen in förderliche um.

☆ Identifiziere dein Ziel und stell dir die Frage: „Was will ich sein?" Gib dir das Recht, zu sein, was du sein willst, und prüfe, ob dieses Sein einem wahren Bedürfnis deines tiefsten Wesens oder einer vorübergehenden Laune entspringt.

☆ Um die wahren Bedürfnisse deines Wesen zu erkennen, stell dir die Frage: „Wenn ich mir das Recht und die Freiheit geben würde, das zu sein, was ich sein will; wenn ich die Zeit, die finanziellen Mittel und die dafür notwendigen Fähigkeiten sowie die absolute Gewissheit des Erfolges hätte, welche Wünsche, Bedürfnisse und Ziele würde ich verwirklichen?" Vertraue dabei auf deine Intuition und höre auf den ersten Gedanken oder auf das erste Gefühl, das sich dir offenbart.

☆ Leite erste, konkrete und verantwortbare Schritte ein, als würden die dazu nötigen Mittel bereits zur Verfügung stehen. Gehe dabei aber keine Risiken ein, deren Konsequenzen du zu tragen nicht bereit bist. Die Größe und der Umfang deines Vorhabens entsprechen der Stärke deines Vertrauens und deines unerschütterlichen Glaubens in dich selbst und in das Leben.

☆ Sei bereit, vollständige Eigenverantwortung für deine Entscheidung und deren Konsequenzen zu übernehmen.

☆ Lass los und vertraue dem Leben, dass es bereits an der Verwirklichung deiner Wünsche, Bedürfnisse und Ziele arbeitet.

☆ Falls du nicht bekommst, was du willst, vertraue darauf, dass etwas Besseres auf dich wartet. Dabei möchte ich dich auch noch einmal daran erinnern, dass alles, was du durch deine Gedanken, Worte und Handlungen in Bewegung setzt, in Form deiner ursprünglichen Absicht zu dir zurückkommt.

- ☆ Überprüfe deine Absicht dir und anderen Menschen gegenüber und werde dir bewusst, ob deine Beweggründe auf Liebe oder auf Angst basieren. Alles, was du aus Angst tust, zieht die Verwirklichung dessen an, wovor du Angst hast. Alles, was du aus bedingungsloser Liebe tust, zieht die Verwirklichung dessen an, was du dir aus Liebe für dich selbst und andere Menschen wünschst.

- ☆ Denke und fühle dich wohlhabend und reich und handle in verantwortungsvollem Maße danach. Tue jedoch nichts, das in dir Angst und Zweifel auslöst.

- ☆ Wähle bewusst Worte in Bezug auf materielle Mittel, die ihr Vorhandensein und nicht ihren Mangel ausdrücken.

- ☆ Akzeptiere, dass du wie jeder andere Mensch ein Anrecht auf Wohlergehen und Wohlstand hast. Geld ist Energie und Energie sollte zirkulieren, damit sie in Gang gehalten wird. Wenn du dich auf die Angst konzentrierst, Geld zu verlieren oder an Geld zu mangeln, blockierst du die Energie.

- ☆ Anerkenne die Bedeutung des Geldes. Geld ist weder „gut" noch „schlecht". Ausschlaggebend ist, wie du mit dieser materialisierten Energie anhand deiner Überzeugungen umgehst.

- ☆ Es ist sinnvoll, das zu schätzen, was du hast, statt dich auf das zu konzentrieren, was du nicht hast, da dies nur vermehrten Mangel anzieht. Erinnere dich dabei daran, dass du auf allen Ebenen deines Lebens das anziehst, dem du gedankliche und emotionale Energie zufügst.

- ☆ Wünsche den Menschen, denen du Geld schuldest, Wohlstand und Überfluss. Bezahle deine Rechnungen mit Freude, da du damit geleistete Dienste dankbar anerkennst. Finde jeden Tag einen Grund, dich von Herzen für etwas dankbar zu fühlen, und das Leben wird dir umso mehr Gründe für erneute Dankbarkeit geben.

- ☆ Wünsche Menschen Überfluss und Wohlstand, die beides bereits haben! Jedes Mal, wenn du vermögende Menschen und ihren Umgang mit Geld kritisierst, blockierst du deinen eigenen Wohlstand. Jedes Mal, wenn du ehrlichen Herzens vermögenden Menschen noch mehr Reichtum wünschst, aktivierst du deinen eigenen Wohlstand.

☆ Stärke dein Urvertrauen ins Leben. Glaube daran, dass es dir immer all das bereithält, was du brauchst, um die Bedürfnisse deines innersten Wesens zu verwirklichen.

☆ Öffne dich allen Quellen des Überflusses, auch wenn sie nicht denjenigen entsprechen, die du dir als möglich vorgestellt hast.

☆ Lasse dich nicht von hinderlichen und allgemein verbreiteten Überzeugungen anderer Menschen beeinflussen, gib dir das Recht, „unkonventionell" zu denken und handeln.

☆ Stärke deinen Durchhaltewillen, steh nach Rückschlägen mutig wieder auf, unterstütze dich selbst und glaube unabhängig der erzielten Resultate an dich.

☆ Jammere nicht mit anderen Menschen über die wirtschaftliche, politische oder finanzielle Lage, denn dies verstärkt nur die Energie des Mangels.

☆ Umgib dich so oft wie möglich mit Personen, welche positive Energie ausstrahlen und die in ihrem Leben Fülle und Wohlstand erreicht haben. Interessiere dich für ihre Erfolgsgeschichte und benütze sie als Modell.

☆ Visualisiere dein Ziel so, als ob es bereits in der Gegenwart verwirklicht sei, spüre die daraus entstehenden positiven Gefühle intensiv und leite verantwortbare Schritte in die gewünschte Richtung ein.

☆ Lerne, um die Hilfe anderer Menschen zu bitten, denn damit beschenkst du sie, indem du ihnen die Möglichkeit gibst, dir etwas zu schenken. Übe dich im Nehmen wie im Geben.

☆ Erweitere deine Fähigkeit, anderen Menschen ohne Erwartungen etwas zu geben und von anderen Menschen Geschenke anzunehmen. Geben und Nehmen sind unzertrennbar. Wir geben mit der gleichen inneren Haltung, wie wir annehmen. Alles, was du anderen gibst oder schenkst, bekommst du mit der gleichen Absicht zurück, mit welcher du gegeben hast. Schenkst du aus Verpflichtung und aus Angst oder aus Freude und Liebe? Falls du nicht gerne ein Geschenk annimmst und dich dabei zu einer Gegenleistung verpflichtet fühlst, dann schenkst du auch mit Erwartungen. Jedes Mal, wenn du etwas mit Erwartungen schenkst, bedeutet das, dass du aus Verpflichtung oder aus Angst handelst. Was ist deine Angst? Bis zu welchem Punkt bist du bereit, dich dem Wohlstand und dem Überfluss zu öffnen, indem du mit Dankbarkeit und Freude Geschenke annimmst und gibst? Kannst du die Freude desjenigen Menschen spüren, der dir ein Geschenk macht?

☆ Sei großzügig zu dir und anderen. Schenke dir ebenso viel Aufmerksamkeit und Zeit, wie du anderen schenkst. Gib für dich selbst ebenso viel Geld für Schönes aus wie für Geschenke, die du anderen machst.

☆ Räume alles Unnötige in Keller, Dachboden, anderen Lebensräumen und deinen Schränken aus, um Platz für neue Energie zu schaffen. Alles, was ungenützt herumliegt und unnötig Platz beansprucht, verhindert das Zirkulieren von Energie. Dazu gehört auch, etwas für dich Wertvolles zu verschenken und bereit zu sein, dich von sentimentalen Objekten aus der Vergangenheit zu trennen.

☆ Habe den Mut, einer Arbeit auszuüben, welche deine Kreativität und die Verwirklichung deiner selbst unterstützt.

Förderliche Leitsätze

Als Anregung möchte ich dir ein paar förderliche Leitsätze mitgeben, um dich zu ermutigen, deine eigenen zu erschaffen:

- ☆ Geld ist wie Gras, es wächst immer wieder nach
- ☆ Ich gebe mir das Recht, in Wohlstand und Fülle zu leben
- ☆ Alles geschieht zu meinem Besten und zu meinem Wohlergehen
- ☆ Ich schätze jeden Moment meines Lebens und all die kleinen und großen Freuden, die es jeden Tag für mich bereit hält
- ☆ Ich bin mir bewusst, dass jeder meiner Gedanken schöpferische Energie beinhaltet. Mein Wohlstand, mein Reichtum und meine Erfüllung hängen von mir ab. Ich bin der Meister meines Lebens
- ☆ Ich öffne mich der Liebe und der Weisheit, welche ich tief in meinem Innersten trage, und nehme ab heute Gesundheit, Lebensfreude, Wohlstand und Reichtum auf materieller, emotionaler, mentaler und spiritueller Ebene mit offenen Armen an
- ☆ Ich bin ein Glückskind, das vom Leben reich beschenkt wird, und ich bin dafür mit der Kraft meines Herzens dankbar
- ☆ Es ist sinnvoller, die Menschen zu lieben und sich des Geldes zu bedienen, als sich der Menschen zu bedienen und das Geld zu lieben

Nachwort

Ich bin dankbar und glücklich, dass ich dich auf deiner Reise zu dir selbst begleiten durfte. Zum Abschied möchte ich dir mit dem nachfolgenden Gedicht Liebe, Glück und Erfüllung auf deinem Lebensweg wünschen!

Wellenschaum

Denn wir sind wie Wellenschaum,
an den Sandstrand unseres Lebens getragen,
in der Ewigkeit dieses ständig neuen
und doch immer wiederkehrenden Liebesspiels

Von Beginn und Ende,
von Wasser und Erde,
von belebendem kühlen Nass,
das die feurige Erde
zum Leben erwachend
zärtlich küsst

Silberne Lichter, tanzende Seelen,
für Sekundenbruchteile voll mächtiger Lebenskraft,
in der Vergänglichkeit unseres kurzen
und doch ewig währenden Seins

Beschützt und geliebt vom Leben,
dessen vielversprechender Duft,
einer Frangipani-Blüte gleichend
sich für denjenigen entfaltet,
der ihm seine Dankbarkeit entgegenbringt.

(Veröffentlicht durch die Brentano-Gesellschaft der Frankfurter Bibliothek, Jahrbuch für das neue Gedicht 2015)

Danksagung

Meine liebevolle Verbundenheit und tiefe Dankbarkeit in elterlicher Liebe gelten meiner Mutter und meinen beiden Vätern, die mich um diejenigen Erfahrungen reicher machten, welche der Auslöser zu meiner Suche nach mir selbst waren.

Bedingungslose Mutterliebe empfinde ich für meine beiden Söhne, die mich Wertvolles über mich selbst lernen ließen und mich immer vorbehaltslos in meinen vielfältigen Vorhaben unterstützten. Ich bin sehr stolz auf sie und glücklich, dass wir weiterhin aneinander wachsen dürfen. Meinen Dank möchte ich auch ihrem Vater aussprechen, an dessen Seite mich das Leben lehrte, mir und meinen Lebensvorstellungen treu zu sein. Es ist für unsere Söhne und uns beide sehr bereichernd, dass uns eine lebenslange Freundschaft in gegenseitiger Anerkennung der gemeinsam erschaffenen Vergangenheit verbindet.

Meine innige Liebe in der Gegenwart und Zukunft gehört meinem Lebenspartner, der mich schon seit vielen Jahren liebe- und verständnisvoll durch mein Leben begleitet. Danke, mein Schatz, dass es dich gibt, dass wir füreinander da sein und so viel voneinander lernen dürfen.

Auch danke ich von Herzen all meinen lieben Familienangehörigen, meinen wertvollen Freunden und jenen Menschen, die mich immer unterstützten, wenn ich ihre Hilfe brauchte, und mir dabei halfen, diese auch anzunehmen.

Tiefe Verbundenheit und große Dankbarkeit empfinde ich für meine spirituelle Lehrerin Lise Bourbeau, welche mir mit ihrer holistischen Lebensphilosophie „Ecoute Ton Corps" die Türe zu meinem wahren Selbst eröffnete und mich persönlich in meiner Ausbildung zur Lebensberaterin und Therapeutin in meiner Selbstentfaltung wertvoll unterstützte. Sie zählt zu den bedeutendsten spirituellen Lehrerinnen unserer Zeit. Ihre

Bücher, welche ich jedem Leser, der sich für Persönlichkeitsentwicklung interessiert, sehr empfehlen kann, waren und sind mir weiterhin eine wertvolle Stütze und Inspiration.

Aus Selbstliebe, und nicht etwa aus Egoismus, möchte ich mich auch bei mir selbst bedanken. Ich habe erkannt, dass alle positiven Veränderungen in meinem Leben zuerst aus mir selbst heraus entstehen mussten, um mich anschließend zu befähigen, andere Menschen an ihnen teilhaben zu lassen. Ich bin dankbar, dass ich den Mut und Willen fand, mich selbst kennen- und lieben zu lernen, was mir dazu verhalf, meine emotionalen Verletzungen in Lebenskraft und Lebensfreude umwandeln zu können. Ich bin mir der Freiheit und Selbstverantwortung bewusst geworden, jeden Tag meines Lebens durch die Kraft meiner Gedanken neu erschaffen zu können. Meine Bereitwilligkeit zu versuchen, bedingungslos lieben zu lernen, an mich selbst und an meine Lebensziele zu glauben, lässt mich jeden neuen Tag dankbar als Geschenk annehmen.

Spirituelle Dankbarkeit fühle ich für das Geschenk des Lebens und für die bedingungslose Liebe und Weisheit des Universums. Dieses allumfassende Gefühl der Verbundenheit mit dem Großen Ganzen ist die tiefste, innigste Empfindung, die ich allen Leserinnen und Lesern dieses Buches von Herzen wünsche.

Persönliche Notizen

Die Autorin

Marion Rohrbach-Stadler ist 1959 in Deutschland geboren. Sie ist österreichische und Schweizer Staatsbürgerin und lebt seit 1988 in der französischen Schweiz, wo sie seit vielen Jahren als diplomierte Therapeutin, Lebensberaterin und Kursleiterin im Bereich der Persönlichkeitsentfaltung tätig ist. Sie schreibt Beiträge für Lebensratgeber und wirkt bei Radiosendungen zum Thema Persönlichkeitsentwicklung mit. Eines ihrer Gedichte wurde von der Frankfurter Bibliothek im Jahrbuch für das neue Gedicht 2015 veröffentlicht.

Dieses Buch ist ihr Erstlingswerk, in dem sie im ersten autobiografischen Teil ihre Lebensgeschichte erzählt. Eine nicht ungewöhnliche Lebensgeschichte, die jedem Menschen vertraut ist, der nach einem unbekannten Elternteil und damit nach seiner eigenen Identität sucht. In den nachfolgenden zwei Themenbereichen über Selbstliebe und Selbstverwirklichung gibt sie ihre bereichernden Lebens- und Berufserfahrungen in Form eines wegweisenden Ratgebers an ihre Leser weiter, welche ebenfalls praxisbezogene Anwendungen in ihrem Werk vorfinden. Zusammenfassend soll dieses Buch anderen Menschen dazu verhelfen, den Zugang zu ihrem wahren Selbst zu finden, ihr innewohnendes Potenzial auszuschöpfen und ihr Leben mit Sinn, Liebesfähigkeit und Glück zu bereichern.

Der Verlag

Wer aufhört besser zu werden, hat aufgehört gut zu sein!

Basierend auf diesem Motto ist es dem novum Verlag ein Anliegen neue Manuskripte aufzuspüren, zu veröffentlichen und deren Autoren langfristig zu fördern. Mittlerweile gilt der 1997 gegründete und mehrfach prämierte Verlag als Spezialist für Neuautoren in Deutschland, Österreich und der Schweiz.

Für jedes neue Manuskript wird innerhalb weniger Wochen eine kostenfreie, unverbindliche Lektorats-Prüfung erstellt.

Weitere Informationen zum Verlag und seinen Büchern finden Sie im Internet unter:

www.novumverlag.com